日本人を精神的武装解除するために
アメリカがねじ曲げた日本の歴史

歪められた言論空間を打ち砕く
国際派学者による歴史認識の神髄

青柳武彦

General Douglas MacArthur

ハート出版

はじめに

●近現代史の真相を知って日本人の誇りと魂の復活を

第二次世界大戦終了後、日本人を精神的に武装解除するために、米国は徹底的に日本の歴史をねじ曲げた。世界の歴史を見れば明らかなように、勝者は敗者の復活を阻止するために、敗者の歴史を否定することで民族の尊厳と独立を奪うのが定石だった。

例えばシナでは、『史記』、『漢書』、『元史』、『明史』、等の例に見るように、王朝が変わる毎に歴史は古代に遡って全面的に書き換えられた。従って、史書としての一貫性は完全に失われてしまっている。欧州においても同様である。唯一の例外は日本である。神武天皇即位以来の二千数百年に及ぶ歴史の中で、日本は「万世一系」の皇室を維持して独立の主権国家として世界に誇る民族文化を育んできた。

それが、米国のＷＧＩＰ（戦争責任情報プログラム。全て日本が悪かったので米国が正義の鉄槌を下したというプロパガンダ）によって大幅に書き換えられて、日本人の民族性にまで悪影響を与えつつある。本書は歴史の真相を明らかにすることによって、そのような傾向を阻止しようとするものである。

ただし、誤解して頂きたくないので冒頭に述べておく。本書には、かつての米国の行為を厳しく批判する部分がある。しかし、トランプ新大統領の下で米国が自由と民主主義を標榜する世界の大国であり続ける限り、日本は世界の平和と繁栄のために米国との強固な同盟関係を維持してゆく必要がある。真相究明は米国の自浄能力に任せた方がよい。ただし、当然のことながら、トランプ大統領は常に「アメリカ・ファースト」である。

歴史の真相を調べてみると、日本国民は大東亜戦争の経緯について後ろめたく思ったり、自虐史観に苛まれたりする理由は全くないことがわかる。しかし、学校の教科書にはいまだに終戦直後にGHQが押し付けたプロパガンダに基づく要綱が生きているので、そうした内容を学校で教えてもらえることはない。

●自虐史観の影響

日本国民は、戦後七十余年もたった現在でも自虐史観に苛まれて委縮したままでいる。例えば、改憲問題においては日本のほとんど全部の憲法学者が改憲に反対という「金太郎あめ現象」が起きている。日本は侵略をした悪い国なのだから、二度と戦争ができないようにしたマッカーサー憲法は絶対に改正すべきではない、という結論が先ずありきなのだ。

第九条二項は国民に自殺を強要するに等しい条項だから、第十一条（国民の基本的人権の尊重）

第十三条（幸福追求権）と矛盾するし、自然法の理論からいっても有効なわけがない。つまり彼らの護憲論は彼らの誤った歴史認識から来るもので、専門の法理論的考察に基づいてそうした結論を出しているわけではない。

日本学術会議がリードしている軍事研究への拒否も、誤った自虐史観から来るものだ。科学者は贖罪心からすっかり委縮してしまっている。防衛省の防衛技術の共同研究募集にも後ろ向きだ。日本の自衛隊の本質は警察組織だから、外国の軍隊組織には決して勝つことができない。組織を支えるはずの安保関連法は、切れ目だらけで有事の場合にはほとんど役に立たない。「専守防衛」原則によってあまりにも多くの歯止めが設定されていて、自衛隊の手足をがんじがらめに縛っている。まるで法律で勝つのを禁止しているようなものだ。

現行の安保体制は「（集団的自衛権を含む）自衛のためならば、最小限度の戦力ならば持っても良いと解釈できる」はずであると、与党自民党が公明党や野党の批判・反対勢力に対して妥協に妥協を重ねた緊急避難の産物だからである。緊急に全廃して作り直す必要がある。自衛戦争でも互いに全力を尽くして殺し合う戦闘であることには変わりはないのだから、自衛隊を縛るのではなくて、自衛隊が能力を最大限に発揮できるようにバックアップする法律制度でなければ抑止力にならない。

乱暴なセリフであることを承知で言うのだが、尖閣諸島が中国に占拠されたり北朝鮮のミサイルが日本に着弾したりして死傷者が出たりしないと、この国の平和ボケは治らないのではないか。それは自虐史観による平和ボケ治療のコストであるから仕方がないのかもしれないが、コストは最小限で済むように祈念するばかりだ。

左翼的教育体制も自虐史観の影響である。日教組と文部科学省による教科書検定方針の悪影響は、戦後七十余年を経ても是正されないで、自虐史観に取りつかれた無気力の若者をせっせと再生産している。ユネスコが南京事件や慰安婦事件を世界記憶遺産に登録する問題が起きているが、日本の文科省の方が大きな問題だ。

教科書出版社の自由社は、南京事件問題についての記述に「反省が足りない」として何回も検定意見がつけられた。しかし、平成二七年に至って全くこれに言及をしないで検定に出したら、ようやく合格した。虚構の「南京事件」に言及せず、実在した「通州事件」（中国による日本人虐殺事件。後述）を書いた唯一の歴史教科書が平成二七年に初めて誕生したのだ。

これらの問題点のすべては、日本人が誤った歴史認識から自虐史観に取りつかれている結果である。そうした悪循環から脱却するためには、自ら求めて歴史の真相を独自に勉強するしかないのだ。しかし、かくいう筆者も、ある時点まではＧＨＱのプロパガンダを信じ込んで疑うことがなかったのだから、あまり偉そうなことはいえない。

筆者は商社マン（伊藤忠商事）から研究職（国際大学グローコム教授）に転身した。仕事の上で経済学、経営学、財政学、法律学、情報社会論、国際政治学、更には安全保障政策論に関する近現代史の研究を幅広く行う必要があった（現在、筆者は社会科学のジェネラリストを自任している）。研究を進める中で、どうにもおかしいと思えることにしばしば遭遇した。

多くの資料にあたって研究してゆく中で、自分がこれまで受けてきた教育には多くの重大な誤りがあること、及び、そのような偏向教育がいまだに是正もされずに続いていることを知るに至った。あまりのことに愕然としたものだ。ほとんど全部の日本人は、不勉強のそしりは免れないにしても、未だにＷＧＩＰの影響下にある。日教組の左傾化教育のおかげで、日本人は近現代史の真相を知る機会を全く奪われてきているのだ。文部科学省は、問題の存在を意識すらもしていない。

本書は、大東亜戦争の歴史認識に関連する諸問題を考察することを本旨とするもので、必ずしも史実の全体像を概観するものではない。特に戦史の詳細に関する部分はほとんど触れていない。従って、本書の記述はその意味で網羅性に欠けることを、予めご承知おき願いたい。

●真相究明は米国の自浄能力に

米国のフェアなところだが、終戦から二十年後の一九六六年に成立した連邦情報公開法（ＦＯＩＡ＝The Freedom of Information Act）、及び各州の情報公開制度の定める所に従って、たとえ自国に不利な資料でも順次公開している。機密情報でも通常は三十年後に公開される。

その中で明らかになってきたのは、日本はルーズベルト大統領の卑劣な権謀術策の犠牲になって戦争に引き込まれてしまったという事実である。今までは、国際関係は権謀術策の渦巻く世界なのだから、ルーズベルトの策謀もその中の一つくらいにしか考えられていなかった。しかし、彼の卑劣さは例外中の例外であり、米国民をも裏切るものであった。

ルーズベルトは、世界平和のために米国は欧州戦線でドイツと戦うべきだと考えており、それは首肯される。しかし、当時の米国内の世論は不干渉主義が八十五％もの主流を占めていた。彼自身も決して戦争をしないことを公約して大統領に当選したので、率先して行動を起こすわけにはゆかなかった。

そこでルーズベルトは議会にも国民にも全く知らせずに、宣戦布告も同様な無理難題を日本に突き付けた。日本がどんな回答をしても、日本に最初の一発を撃たせて、それをきっかけとして世界大戦に参戦するのが目的であった。日本は〝袋のネズミ〟状態から逃れるすべはなかった。

後述するように、日本は自国の存続を賭けて乾坤一擲《けんこんいってき》を狙って立ち上がったものだが、日本軍の動静は全て米国の情報（通称「マジック情報」）網に把握されていた。ルーズベルトはその情報を全ての前線司令官に知らせて戦闘準備にあたらせたが、ハワイのハズバンド・E・キンメル太平洋艦隊司令長官とウォルター・ショート陸軍司令長官だけには知らせずに、日本軍の真珠湾の**「卑怯な不意打ち（Sneak Attack）」を演出した**のだ。

世論が憤激し対日開戦を強く支持したので、米国はルーズベルトの目論見通り、日本の同盟国であったドイツとも首尾よく開戦することができた。後に、この策謀が明らかになってからも、米国内ではルーズベルトなりの愛国心の表れであるとしてこれを前向きに評価し、それに反対する者を修正主義者として抑えつけた。

しかし、**ルーズベルトが自らの信条を実行するためにそうした回りくどい方法を採ったのは、〝米国の民主主義のコスト〟であったのだ。従って米国自身が何としてでも自らコストを負担すべきだったのだ。しかし彼はそのコストを第三国の日本に払わせたのである。**


その悪辣な策謀は後述するように、終戦から二〇〇〇年までの六十年近い間に実に十一回にも及ぶ真珠湾事件の調査委員会や上下両院による査問会議が行われて、白日の下に晒された。そして、在ハワイのキンメル太平洋艦隊司令長官とショート陸軍司令長官はその策謀の犠牲になっただけで、落ち度は全くなかったことが判明して名誉回復が行われた。このような究明と弾劾を受けた大統領は、ルーズベルト以外にはいない。

『幻の日本爆撃計画』の著者アラン・アームストロング[1]氏は、若し彼が存命であったなら、国家反逆罪の科《とが》で弾劾裁判[2]の対象になったかもしれない、とまで述べている。彼の策謀は国家反逆罪に相当するものであった。いくら

1）アラン・アームストロング氏のルーズベルト弾劾の可能性についてのコメント：伊勢雅臣氏（http://blog.jog-net.jp/201112/article_2.html）
2）米大統領の弾劾裁判：合衆国憲法第二条第四節には、「大統領、副大統領及び合衆国のすべての文官は、反逆罪、収賄罪又はその他の重罪及び軽罪につき弾劾され、かつ有罪の判決を受けた場合は、その職を免ぜられる」とある。下院が単純過半数の賛成に基づいて訴追し、上院が裁判し、上院出席議員の三分の二以上の賛成で決定する。英国とは異なり刑罰を科すことはなく、罷免するのみである。過去においては、ニクソン大統領がウォーターゲート事件で下院が訴追決議をする前に辞任した。また、ジョンソン大統領（政敵のスタントン陸軍長官を罷免）とクリントン大統領（モニカ・ルインスキーとの「不適切な関係」事件）は下院による訴追決議を受けたが、上院の審議の結果いずれも無罪判決を受けている。

国際社会が権謀術策の渦巻く世界であったと言っても、ルーズベルトの所業はその埒外の悪質なものであった。

真相が明らかにされるにつれて米国は大弱りに弱った。何故ならば、大東亜戦争は〝悪いことをした日本に米国が正義の鉄槌を下した〟ことになっていたのであるから、〝ルーズベルトは米国民を裏切り日本を戦争に引きずり込んだ〟ことが明らかになると日米開戦を正当化するすべての論理が破綻してしまう。すなわち、日米開戦、東京大空襲、原爆投下、東京裁判、等々を正当化し続けるためには、何としてでもルーズベルトの犯罪的行為を伏せて日本を悪者のままにしておく必要があったのである。

そこで、米国は連邦情報公開法における関連公文書の機密指定期間を真珠湾事件に関する限り六十五年とした。つまり一九九九年上院調査委員会と二〇〇〇年下院調査委員会の報告書は二〇六五年まで非公開となったのである。しかし真相は、米国人を含む多くの研究[3]によって徐々に明らかにされつつあるので、二〇六五年まで待つ必要はない（余談だが、ケネディ大統領暗殺事件についての機密指定はなんと百年になっている。筆者は個人的には、ケネディがＦＲＢから通貨発行権を取り上げて政府紙幣の発行を目論んだのに対して、金融マフィア[4]

3）真珠湾事件の真相についての研究：『ルーズベルトが引き起こした戦争』チャールズ・ビーアド、『真珠湾の審判』ロバート・セオボルド、『ルーズベルト』ジェームズ・バーンズ、『パール・ハーバー』ロベルタ・ウォールステッター、『真珠湾は眠っていたか』ゴードン・プランゲ、『真珠湾攻撃』ジョン・トーランド、『Freedom Betrayed（裏切られた自由）』ハーバート・フーバー、『ルーズベルトの責任』チャールズ・Ａ・ビーアド、『日米・開戦の悲劇』ハミルトン・フィッシュ、『米国陸軍戦略研究所レポート』ジェフリー・レコード、『日米開戦の研究・ウェデマイヤー回想録』アルバート・ウェデマイヤー、『米中開戦』トム クランシー、マーク グリーニー、その他、多数。
4）金融マフィア：ロスチャイルド、ロックフェラー、ＪＰモルガン、等が抵抗したものであると睨んでいる)。

筆者には同盟国の米国に対して、今更真相を暴露して歴史認識論争を挑もうなどという意図は全く無い。日本はルサンチマンに取りつかれたままの韓国とは違うのだ。ただし間違った情報戦争(米国の歴史家による慰安婦問題についての日本非難など)を挑まれたら敢然と立ち向かうべきだ。それはそれ、これはこれだ。

自由と民主主義を標榜する日米両国が、過去の恩讐を越えて強固な同盟関係を発展させてゆくことは世界と日本の平和と安全の為に必要なのだ。筆者が本書を上梓したのは、日本人が自虐史観から脱却して誇りを取り戻すためには、歴史の真相を知る必要があるという一点からであり、嫌米思想を広めるためではない。

なお本書は、アパ日本再興財団による「真の近現代史観・懸賞論文」の第八回(二〇一五)に入賞した『近現代史における歴史認識』の内容をアップデートし、かつ具体的な肉付けを行って全面的に書き直したものである。

●本書の構成

本書の第一章は歴史認識問題における総論的な部分であり、以降の章の具体的問題点に関する評論は、その各論に相当する。

総論部分の歴史認識問題においては、四つの視点を提案する。

なお、戦後GHQは厳しい言論封殺を行って、今次の戦争を「大東亜戦争」と呼ぶことを禁止して、「太平洋戦争」と呼ぶことを強制した。筆者はこれに批判的なので、本書においては「大東亜戦争」の表記に統一している。

また、本稿には「中国」と「シナ」という名称が混在する。「シナ」とは、現在のいわゆる中国大陸に対して用いられた行政区分を超えた地理的呼称、あるいは当該地域への王朝・政権の時代区分を超えた地政学的・通史的な呼称として使用した。「北東シナ」はそのうちの旧満洲地域を指す。また「中国」という場合には、蔣介石の国民党による「中華民国」、またはこれを滅ぼして台湾に駆逐した現在の習近平の「中華人民共和国」のどちらかを意味する。

【凡例】

数字は、縦書きとする関係から全て和数字として漢数字（十百千万億兆など）を使用した。ただし、年代については和数字のみを使う慣例的な表記（例えば二〇一四年）とした。また日本関連の事項の年については、平成二六（二〇一四）年のように原則として元号を使用して、後ろに西暦年を括弧にいれて追記した。なお海外で起こった事項については原則として西暦年のみを記した。

【構成】

章→節→■（大項目）→●（小項目）。

〝〟——一般名詞。または強調をする語。

「」——引用、固有名詞、専門用語、あるいは特定の意味を持たせた単語や文章。

『』——括弧の中の括弧。論文や書籍のタイトル等。

もくじ

第一章　歴史認識とは何か？

本章では歴史認識のあり方について四つの視点があることを指摘する。「歴史認識」は、普遍性を重視する「歴史学」とは異なり、関係する各国がそれぞれ独自に自国の立場から評価して認識するものである。

従って歴史認識は必然的に多様で相対的なのだから、国別に全て異なるものであって当然である。ナポレオンの評価が、フランス、ドイツ、ロシアの間で共通することは絶対にあり得ない。共通の歴史認識を持つべきであるなどという議論は、歴史認識の概念と矛盾するし、決して成立しないのだ。日本人は日本自身の歴史認識をしっかりと持って、自国への誇りを取り戻すことが重要だ。

第一節　歴史学と歴史認識

●歴史学とは

歴史学は、マックス・ヴェーバー（Max Weber　一八六四〜一九二〇）のいわゆる価値判断排除[5]（Wertfreiheit）を行うべき社会科学に属する学問領域である

5）マックス・ヴェーバーの価値判断排除：二十世紀初頭のドイツにおいて、G・シュモラーに率いられた講壇社会主義者たちが特定の倫理的理想を歴史的に把握して、この理想によって社会問題に実践的・政策的提言を行うべきであると主張したのに対し、マックス・ヴェーバーは、社会科学的認識において実践的な価値判断を排除すべきことを力説した。客観的事実の探求を理想とした場合にも、あるべきものの探求という主観的価値評価から離れることはできない。そこで自らの拠って立つ価値を自覚し明確化し、それに囚われぬ認識をし、その認識をまた、自他の価値評価からの自由にある他者に認識させる、価値評価無強制姿勢による学問の方法である。（Wikipedia 及びブリタニカ）

と筆者は考えている。ただし、そうはいっても、史実の分析の過程において、抽象化、一般化、支配的史実の抽出などという研究の具体的段階で、完全な価値判断排除を行うことは極めて困難である。無意識のうちに歴史家自身がその社会の中で身についた道徳的社会規範に基づく判断が紛れ込んでしまうからである。

それでもなお、歴史学においてはそうした危険性を十分にわきまえた上で、正義／不正義、善悪、道徳的／不道徳、適否、などの判断は、どんなに困難であっても紛れ込ませないように努めなくてはいけない。歴史学者の任務の一つは、そうした危険性を発見して除去する事でもある。

歴史学では、過去の事実に対する個人の政治的・道徳的・イデオロギー的信条からの評価や判断は排除しなければならない。さもないと、為政者や政権が変わる毎に歴史を書き換えなくてはならなくなる。中国では、王朝が変わる毎に歴史が古代から全面的に書き換えられてきたので、統一的かつ普遍的な歴史書は存在しない。

歴史家は裁判官ではないのだから、正邪、善悪の判決を下すことはできない。「歴史的事実がどうであったか」だけを明らかにすればよい。**「価値判断を排除した純粋な史実」の集合体の中から、長期的に支配的となる大きな流れを形成する史実の集合体を見出し、それ自体に抽象的な意味づけを与えるのが歴史家の任務**である。

対照的に次項に述べる歴史認識は、価値判断そのものである。時代、政治情勢、国際情勢、倫理観、イデオロギー、その他、諸々の異なった判断基準に強く影響されるから、必然的に多様で相対的である。そうした歴史認識論も、歴史学の一部であるとの意見もあるが、筆者は採らない。

歴史学においては、第一次データの資料に基づいた客観性のある妥当な真実を、史実として位置付ける。若し既存の歴史学研究や確立された史実に、事実誤認があれば批判を加えなければならない。なお、第一次データとは、歴史上の生データの内で、特定の変数や属性に基づく一定の処理や検討を加えただけの文書、統計、写真、証言等である。特定の政治イデオロギーや歴史認識に基づく見解・意見などは除かなければいけない。

歴史学は、それら数多《あまた》の史実に共通する傾向を分析して、抽象化と一般化を行い、歴史の大きな流れを発見するものだ。価値判断の領域にまで踏み込むと、若しも時代の移り変わりなどによってそうした判断基準が覆ると、研究業績が全て無に帰するというリスクも覚悟しなければならない。

例えば東京裁判史観は、すでに学問的には完全に覆されている。従って東京裁判史観をベースにした研究業績（例えば横田喜三郎東大名誉教授の業績。東京裁判について肯定的評価を与えた論文『国際法の革命』その他の多くの著書がある）は、現在では資料的価値以外何の学問的価値もなくなっている。

ところが現在の日本の歴史学界の大多数は極端に左傾しており、政治的イデオロギーを推進するグループに堕している。その代表例は日本における歴史学界の最大の学会「日本歴史学研究会」だが、〝歴史学〟の名前が泣くというものだ。彼らが教育界を牛耳っているから、左傾した歴史の教師が次から次へと再生産されて、偏向した歴史観を教室で教え続ける。日本の国民は何時まで経っても自虐史観から脱却できないでいるのだ。

ＧＨＱは、再び日本民族が立ち上がることがないようにＷＧＩＰ（War Guilt Information Program）という強力な言論統制を秘密裏に実行した。曰く〝日本の軍国主義者は侵略行為という悪事を行ったので、米国から正義の鉄槌を下された〟という虚構を植え付けたのである。そのプロパガンダはアッという間に日本人の心の深くにまで浸透した。

日本人がそれ程までにやすやすとＷＧＩＰの餌食になってしまった最大の要因は、終戦が近づいてからの大本営発表がウソばかりであったことにある、と筆者は考えている。日本国民はそのウソに絶望し、怒り、かつ悲しんだのである。

そうした日本人の心の間隙に巧みに入り込んだのがＷＧＩＰである。これは日本人の、反省の心、謝罪心、人間関係の調和を重視する等の長所を巧みに利用したものであった。そのため、良心的な日本人の間で自律的に拡大再生産を続けて、自虐史観をもたらした。それは今もなお日本人の心をむしばみ、委縮させている。文芸評論家の江藤淳が言うところの、いわゆる『永久革命』の種（後述する）の仕業である。

江藤氏は、その著書『閉された言語空間』（平成元年）の中で、「ＧＨＱは大東亜戦争を日本の軍国主義者対国民との対立の中で生まれた、〝周辺諸国に対する侵略戦争〟と位置付け、すべての悪は日本に由来するという虚構の図式を植え付けようとした」と指摘した。そして、これを日本民族の心に存在していた伝統的秩序を破壊するための『永久革命』の種と称した。

●歴史認識とは

「歴史認識」は、それを行う時点時点における政治認識、国際情勢、倫理観、イデオロギー、その他、諸々の判断基準に強く影響される。本章で考察するように、歴史認識とは史実の評価、つまり価値判断そのものなのだ。本節においては、歴史認識は必然的に多様かつ相対的であるので、単一で普遍性を持つ歴史認識は理論的に存在し得ないことを明らかにしたい。

例えば、後述するようにルーズベルトが米国議会や国民にも伏せて日本に自殺命令にも等しいハルノートを押し付けて日本を戦争に引き込んだこと、その背景には当時の米国の八十五％は不干渉主義で戦争反対であったこと、そのような状況を変えなければ国民を戦争に同意させることが不可能であったこと、及び、そのおかげで米国が世界大戦に参戦する機会が実現したこと、等々の客観性のある史実と、その中に潜む相互関連性を明らかにすることは「歴史学」の範疇に属する。

しかし、その被害者となった日本がルーズベルトの無法と非道を指摘して糾弾すること、及び、それは米国がドイツのナチスを叩くために必要であったので、ルーズベルトなりの愛国心の発露であったと見做すこと、等は史実の評価に属する「歴史認識」の範疇に属する。

歴史学は、不可避的に特定の歴史認識を伴ってしまうことがあるが、それでもなお、両者を混同してはならないのだ。

第二節　歴史認識の四視点[6]

本節においては、歴史認識とは本来は単一かつ一面的な見方で統一できるものではないことを明らかにしたい。そのために、歴史認識の問題を考察するにあたって、必ず考えなくてはならない重要な視点をここで四つほど提言したい。

■第一の視点：「歴史認識は史実の評価の問題であり、史実の存否だけの問題ではない」

●歴史認識は、事実認識だけの問題ではない

歴史認識は、ある史実が事実として存在したこと〝だけ〟を以って評価すべきではない。ただし、これは真実であるかどうかが重要ではないという意味では決してない。真実であること〝だけ〟が歴史的評価の対象ではなく、より長期的かつより広範囲の見地からの意義の評価こそが重要であるということだ。これは専門の歴史学者が、史実に詳しいだけにかえって事実問題に捉われて陥りやすい陥穽《かんせい》だ。

ただし、虚構は歴史認識以前の問題であって絶対悪である。中国と韓国の日本に対する慰安婦問題や南京事件についての批判は、後述するように事実でさえもない虚構の批判である。つまり、ここでいう第一の視点以前の問題である。

6）四視点：筆者独自のオリジナルな見解である。

●歴史認識は事実の評価問題

一見マイナスに見えていた史実でも、歴史認識においては評価が変わることがある。青山学院大学の福井義高教授の報告[7]によれば、イェール大学のサミエル・ビーミス教授は、かつてルーズベルトが日本の真珠湾攻撃が迫っていることを知りながら、これをハワイの軍当局者に知らせずに日本の卑怯な不意打ちを演出したのは真実であったことを認めている。

それにもかかわらず、ルーズベルトに戦争責任を負わせようとする史観を修正主義と呼んで「由々しく、不適切であり、嘆かわしい」[8]とまで言って批判している。ルーズベルトがそうした策略を取ったのは、米国民を奮起せしめて開戦することが国益に沿うと彼なりに考えたからだという。それを誰が非難できようか、というわけだ。歴史認識とは、史実の存否の問題ではなく、評価の問題であるからこういうことになる。

筆者が、歴史認識は相対的で多様であると指摘する所以である。しかし、日本人としての歴史認識では「ルーズベルトなりの愛国心の発露の方法であったとしても、その犠牲になった日本人の立場は考えなくても良いのか！」ということになる。

また、トルーマン大統領は終戦直前に、本当はその必要もないのに長崎と広島に原爆を投下する決定を行った。これは国際法に違反する非戦闘員の大量虐殺行為である。しかしトルーマンは、「原爆の威力を日本に知らしめることができたために終戦の時期を早める

7）福井義高『日米戦争、ルーズベルト責任論と“歴史修正主義”非難の起源』：雑誌「正論」2015年2月号　126～133ページ
8）同上　130ページ　ビーミス教授によるジョージ・モーゲンスターン著『真珠湾』に対する書評

ことができ、もし戦争が続いていたならば失われていたと思われる百万名の米軍将兵の命を救った」と主張している。

しかし筆者は、次項で述べるように**残虐行為は絶対悪であると**考えている。百歩譲ってトルーマンが言うようなプラス効果があったとしても、それを以って原爆や東京大空襲の残虐行為を帳消しにすることは絶対にできないと考えている。トルーマンは人類の歴史において永久に責めを免れることはできないのだ。

●嘘は絶対悪

「嘘も方便」という言葉がある。政治家が国家百年の計のためにやむを得ずつく嘘は許される場合があることは筆者も認めるが、それでも一定の時日を経たら真実を公表すべきである。**歴史問題においては、嘘は絶対悪であり、どんな事情があろうとも嘘を正当化することはできない。**

中国や韓国が世界に宣伝して回っている、日本人が残虐行為を行ったというプロパガンダは虚構ではあるが、執拗かつ強力なプロパガンダにさらされると人々はこれを真実であったと思いこんでしまいがちである。そんなプロパガンダは、嘘であっても人々の心に入りこみやすい。ここに歴史認識において人々が陥りやすい誤謬の一つがある。

歴史的発見が物語る論理よりも、心理的、情緒的反応の物語効果の方が大きいのだ。世界の人々がより心を動かすのは、必ずしも深遠な理論や真面目な史実の発掘などではない。むしろ残虐行為、不道徳な行為、涙を誘う悲劇等のストーリーにおける情緒的・文学的表現の方なのだ。残念ながら日本はこうしたプロパガンダが非常に下手である。そうした行為に対して軽蔑心があるから、たとえ反駁する必要があってもやらない。情報戦争で日本が連戦連敗している所以である。

日本人の美意識は、「言い訳はしない、敗けたら多くを語らない、死よりも卑怯を恐れる、潔さを貴ぶ」、という点にある。後述の南京事件や慰安婦問題について、中国と韓国からいわれのない非難を受けても、「真実は、何時かは必ずわかってもらえる」などと言って効果的な反論をしないから、世界中の人々から軽蔑されることになる。こうした美意識はマイナス効果しかない。たとえ嘘でも中韓のように何百回、何千回と繰り返すと、真実として通用してしまうのだ。

●韓国の「恨」と中国の「避諱」

日本人の「何時かはわかってもらえる」などという甘い考え方は、特に中国人や韓国人には全く通用しない。中国人や韓国人はその国民性からいって、史実が真実であるかどうかよりも、自己の主張や面子の方により大きな価値を置くからだ。

韓国には「恨《はん》」（＝痛恨、悲哀、無常観）の文化があって、如何に自分が不当に虐げられているかを訴えあって、悲哀や無常観を競いあう風習がある。ニーチェの言う一種のルサンチマン[9]だ。彼らには事実かどうかは重要ではない。

中国にも「避諱《ひき》」（＝隠す、避ける）という考え方がある。国家や家族のために不利なことは、

たとえ嘘をついてでも徹底的に隠すことが倫理的に正しい行為であり、義務でさえある。従って、中・韓に対して「事実ではない」と指摘してもほとんど応えない。

シナでは戦乱で王朝が交代すると、勝者である新王朝が前王朝を否定して、自らの正統性を示す全く新しい国史を編纂し、これが〝正史〟となる。『史記』、『漢書』、『元史』、『明史』、等は全てその例である。真実かどうか、などということには何の価値も置いていないし、誰も気にもしない。

中国が非難してやまない南京事件[10]や、嘘ばかり陳列した南京大虐殺記念館等の抗日運動、更には韓国が歴史認識の仮面をかぶせて言い募る慰安婦問題等は、虚偽ばかりであるから、歴史認識とは何の関係もない。

国連のユネスコが南京大虐殺記念館の資料を世界記憶遺産として登録することになったが、ユネスコの本来の活動趣旨を逸脱した行為である。

日本政府が珍しく拠出金を一時凍結するなどして強硬に抗議をした結果、ユネスコは二〇一七年五月の執行委員会において、世界記憶遺産の選定方法に関し、日本が求める審査の中立性向上などを盛り込んだ中間報告を承認した。今後は事実関係などについて見解の相違がある申請については、当事国間の事前協議を求める方向となった。当然である。ここまで事態をこじらせてしまった日本の外務省のノー天気ぶりにはあきれ返るしかない。今後は是非とも、事前に必要な手を遅滞なく打って欲しい。

9）ルサンチマン：ニーチェの言うキリスト教批判における中心概念。「恨み」や「妬み」を意味する。ニーチェは、キリスト教の起源をユダヤ人のローマ人に対するルサンチマンに求めた。ルサンチマンから、強い者は「悪」、強くない私は「善」、という屈折した価値評価を作り出した。

10）南京事件：1937 年の日本軍の南京攻略時に虐殺などはなかったと筆者は考えているので、南京虐殺事件との呼称は用いない。

■第二の視点：「価値観や倫理観は時代と共に変遷する」

●かつて白人社会において、人種差別は当たり前のことだった

第二の視点は「歴史認識の評価の基準となる価値観（倫理観）は、時代と共に変遷するから、現在の価値観（倫理観）で過去の出来事を断罪すべきではない」ということだ。しかし、これは簡単にはゆかない。どうしても現在の価値観（倫理観）に無意識に囚われて考察を行うことになってしまうからだ。

こうした偏見が典型的に現れるのは人種問題だ。一九一九年の第一次世界大戦後のパリ講和会議の国際連盟委員会において、日本は人種差別の撤廃を決議に明記するべきであるという提案を行った。ところが、議長役を務めていた米国のウッドロウ・ウィルソン大統領がそれまでの慣例に反して、突然「こうした問題は全員一致でなければ決議できない」と言い出した。結局、日本の動議は米国、英国を初めとする白人諸国の反対により否決されてしまった。

事前に米上院で、もし「人種差別撤廃提案」が採択された際には、米国は国際連盟に参加しないという決議が行われていたので、ウィルソンも採決をすることができなかった。この時代には白人社会にとって人種差別は、法律違反でも、人道にもとるものでも、何でもない、至極当たり前のことだったのである。

●植民地化は文明化か?!

正義や倫理、人道の概念、はては人種概念までもが時代と環境によって変わるものなのである。平川祐弘東京大学名誉教授が紹介[11]しておられるが、一九八八年九月二〇日に英国のサッチャー首相は欧州の政治家を相手に歴史認識に関する演説をし、その中で「例えば、ヨーロッパ人が如何にこの世界の多くの土地を探検し、植民地化し、～ハイ、謝罪なしに申し上げますが（Yes, without apology）～、如何に文明化したかは、まことに素晴らしい勇気と才覚の物語でありました」と言ってのけた。

サッチャーの人種偏見は筋金入りで、賛成できない。しかし、彼女が周囲の猛烈な反対を押し切って「一九八八年教育改革法」を制定して、教育の内容や実施の最終的責任を地方自治体や現場の教職員から取り上げたこと、それを通じて自虐的な偏向教科書と自虐的教育を断固として廃止して英国病を追放したことは評価に値する。

平川氏は解説を続けて「サッチャー首相が言うことは、二十世紀の初頭にイギリスの詩人キップリングが言ったことと同じで、白人種は『白人の重荷』（Whiteman's Burden）を背負って野蛮な民の世話を焼くために植民地化という文明開化の事業をやったのだ、という主張です」、と述べている。

もっとも、この時代にサッチャーが直面していた英国の教育事情という背景を知る必要がある。「一九四四年教育法」が、チャーチルの保守党と労働党の連立政権の時代に労働党の

11）平川氏紹介のサッチャー演説：平川祐弘『昭和天皇とヴィクトリア女王』雑誌『WiLL』2015年10月号　281ページ

主導で制定されたのだが、その影響により当時の英国は国中に自虐史観がみなぎっており、青年は活力を失っていた。

一九七九年に、こうした風潮（現在の日本と同じだ！）の中でサッチャーの保守党政権が誕生し、自虐史観批判を行った。前述の「白人の重荷」暴言はその一環として発せられたものだ。サッチャー首相は、当時、英国中に蔓延していた自虐史観を打破して英国人の誇りを回復しない限り繁栄はあり得ないとして、教育の大改革を断行したのである。

すなわち**サッチャーは「一九八八年教育改革法」を制定して教育の内容や実施の最終的責任を地方自治体や現場の教職員から取り上げて、国家の責任でこれを行うようにした**のである。サッチャーは**「問題は、偏向教育そのものにあるのではなく、偏向教育を是正できない国家の無責任体制にある」**と主張した。日本の文部科学省にどう思うか聞いてみたいものだ。

自虐史観への過度の反省を是正するためとはいえ、サッチャーが敢えて人種偏見を表に出して「植民地化の何が悪い」と開き直ったのは間違っている。中国に麻薬（阿片）輸入を実質的に強要して代金取立てのために武力を行使した阿片戦争を、どういう論理で文明開化の一端と位置づけることができるのだろうか。

しかしそれはさておいて当時の英国が自虐史観に苛まれて何事についても後ろ向きになっていた風潮を何としてでも是正しようとした姿勢に限っては、是非とも日本も手本としたいところだ。

ザ・タイムズ東京支局長やニューヨーク・タイムズ東京支局長を歴任した英国人のヘンリー・S・

ストークス氏は[12]、「第一次大戦以前の時代においては、『**白人が有色人種を侵略するのは〝文明化〟**で、劣っている有色人種がたとえ自衛の為であろうとも白人を攻撃するのは〝犯罪〟であり、神の意向に逆らう〝罪〟である』と、侵略行為が正当化されていた」と述べている。

米大陸は一四九二年にコロンブスが〝発見〟したものであり、それまでは人類が住んでいたとは見做されなかった。米国の原住民（現在では反省を込めてネイティブ・アメリカンと呼ばれている）に対して白人の侵略者たちが行った、大量殺戮などの非人道的行為、土地を収奪した侵略行為、迫害行為、などは全て神の意向に沿う〝文明化〟であり、雄々しい「フロンティア・スピリット」の発露であった。

ヨーロッパ人が米大陸に到達した一四九二年の時点では約千八百万人（諸説有り）もいたとされるネイティブ・アメリカンは、殺戮や迫害の結果、一九〇〇年までにわずか二十五万人（同じく諸説有り）になってしまった。まさにアメリカン・ホロコーストではないか。こうした史実に対しては、つい最近まで何の反省もなかったのである。

つまり白人による黒人やアジア人のような有色人種に対する侵略行為は、〝神の意向に沿う当然の行為〟であるとされていた。これは誇張でも冗談でもない。世界中の白人は、事実問題として本当にそう考えていたのだ。次項に述べるように、それに学問的根拠を与えていたのは当時の人類学だ。学問までも当時の人種偏見の具に成り下がっていたのだ。

米国はそうした過去の人種偏見を反省して、数々の是正措置を強力に実行している。バラク・

12）ヘンリー・S・ストークス『連合国戦勝史観の虚妄』祥伝社新書　2013 年　40 ページ

オバマが初の黒人大統領として当選したのもそうした風潮の一環だ。ハリウッド映画にしても、かつて一世を風靡した西部劇物は全く影を潜めた。そして、かつては絶対になかった黒人俳優が主演する映画が続々と世に出ている。

アフリカ系黒人達とヒスパニック系人種を優遇する政策「アファーマティブ・アクション」が強力に推進された結果、これまで就職や就学で不利な立場に置かれてきた人たちが優遇されるようになった（ただしアジア系には適用されない）。しかし、今度はこれが「逆差別である」として白人から不満が一気に噴出して、違憲性を問う裁判がアメリカで相次いでいる。この傾向はトランプ大統領の登場で激化するだろう。人種の坩堝《るつぼ》といわれる米国で、人種間の溝が再び深まるのだろうか。

●人種差別の根拠を与えた人類学

十九世紀後半の人類学には、〝人種差別を正当化する科学〟という一面さえもあった。その中心的な組織は「ロンドン人類学協会」（Anthropological Society of London）であった。協会のリーダーのジェームス・ハント（James Hunt）は、人類の起源として複数の種を想定する「人種多元論」を支持して、黒人はその起源にさかのぼると白人とは異なる劣等な種から出たものだと主張した。

人種多元論によれば、白人のみが人類学的に言ってヒト（ホモ・サピエンス）であり、黒人などの有色人種は、種としては猿のように太古の時代にヒトの系統から分岐したもので、ヒトとは異なる系統にあるとした。そして黒人は奴隷として白人に仕えることによって、はじめて生存の意義を実現できるとした。

「同じ人間同士ではないか」という批判に対して、ハントらは「同じ人間同士ではない。黒人は白人とは違う先祖を持つ生物なのだ」と主張した。一八六〇年代の人類学には、人種差別を正当化する科学という一面もあった所以である。

英国経験論の著名な哲学者デイヴィッド・ヒュームも「黒人等の白人以外の人間種のすべてが、生まれながらに白人より劣っている。白人以外には、どんな他の肌の色を持つ文明化された民族もまったく存在しなかったし、行動であれ思弁であれ、卓越した個人でさえもまったく存在しなかった。彼らの間にはどんな独創的な製品も、どんな芸術も、どんな科学も、決して存在しなかった[13]」とまで述べている。ヒュームは、彼らの独創的な製品、芸術、科学、思想を押しつぶしたのは白人社会の構造であることを意識的に無視したのだ。

こうした傾向は特別なものではなかった。上述のヒューム、小説家・詩人のジョゼフ・ラドヤード・キップリング、「黒人奴隷解放宣言」を出して人種差別と闘ったと思われてきたリンカーン大統領（実は黒人忌避者だった）、サッチャー英国首相などは皆、人種差別主義者だった。

他にも英国の高名な作家トーマス・カーライル、文豪チャールズ・ディケンズ、歴史家・宗教家のチャールズ・キングズリー、高名な美術評論家ジョン・ラスキン、詩人のアルフレッド・テニスン等は、全員が筋金入りの人種差別主義者であった。当時の思想界における超有名知識人で世界最高の知性を代表すると見做されていた人たちが名を連ねていることには、驚くしか

13）高田紘二「ヒュームと人種主義思想」奈良県立大学研究季報 12(3・4), 89-94,2002 年

ない。

■第三の視点：「歴史的評価は、個人や組織の〝主観的意図〟ではなく、〝客観的結果〟が問題」

●客観的結果こそが重要

歴史においては、国家であれ個人であれ、その主観的意図がどうあろうとも客観的結果こそが重要だ。国家や個人が何かを意図して行動しても、客観的結果が伴わなければ意図の存在は無効であるから、無視される。逆に、たとえある意図が全く存在しなかった場合でも、あたかもその意図が存在して成就したに等しい客観的結果が伴えば、それも歴史的事実なのである。

昭和三九（一九六四）年七月一〇日に社会党の佐々木更三委員長および社会党系の五つの訪中代表団（佐々木視察団、社会党平和同志会代表団、社会党北海道本部代表団、社会主義研究所代表団、全国金属労組代表団）が毛沢東を人民大会堂に訪問してお詫びの言葉を述べたことがある。中国側からは廖承志《りょうりょうし》、趙安博《ちょうあんばく》らも同席した。

毛沢東は次の通りに述べた。ニュアンスを正確に知るために省略せずに記す[14]。

「何も申しわけなく思うことはありません。日本軍国主義は中国に大きな利益をもたらし、中国人民に権力を奪取させてくれました。皆さんの皇軍なしには、われわれが

14）毛沢東の謝意：福井義高『日本人が知らない最先端の世界史』祥伝社　2016 年　241 ページ

権力を奪取することは不可能だったのです。この点で、私と皆さんは、意見を異にしており、われわれ両者の間には矛盾がありますね」

毛沢東の言葉の最後の部分は、類書では省略されている場合が多いが、これを見ればこれは単なるリップサービスではなく毛沢東の本音であったことがうかがわれる。毛沢東は事実としての〝客観的結果〟を指摘しただけだ。

日中戦争当時の中国共産党としては、党のエネルギーの約十%だけを対日戦争（ゲリラ程度）に使い、約二十%を蒋介石の国民政府軍との共同作戦（国共合作）に使い、残りの約七十%はすべて中国共産党の強化に使うという大方針を持っていた。日本と戦うのは専《もっぱ》ら蒋介石にやらせるという作戦（西安事件と盧溝橋事件の項参照）であった。

毛沢東は、日本にはシナ侵略の意図はないと洞察した。毛沢東が考えたのは、「究極的には日本が勝利すると思われる。しかし日本はシナに長く留まって英国のように植民地経営を行うという侵略の意図はないと思われるので、必ず引き上げるだろう。その後は中国共産党が丸々シナを支配させていただこう」という筋書きであったと思われる。従って毛沢東の感謝の言葉は文字通りに受け取るのが正解であると考える。

勿論、当時の日本が中国共産党の勢力を拡大しようなどという〝主観的意図〟を持っていたわけではない。しかし共産党政権の成立に日本は心ならずも手を貸してしまったという〝客観的結果〟

は存在する。この点に関しては、将来、もし習近平政権が瓦解するようなことがあれば、その時点で、日本は中国の国民に対して謝罪と遺憾の念を表明した方が良いのではないだろうか。これは半分冗談だが、半分は真面目な感想だ。

慰安婦問題では、「河野談話」は国際社会で極めて重視されている。このまま放置しておけば、永久に日本と日本人を侮辱し続けるだろう。河野洋平元官房長官自らの適切な対処を切に願うものである。河野談話については、後述（二百十二ページ）する。

●大東亜戦争の意義

主観的意図の存否よりは客観的結果が重要という視点は、一流と目されている歴史学者でさえも間違う。東京大学総長も勤めた歴史学者の林健太郎氏が「（大東亜戦争が）結果的にアジア諸民族の独立をもたらしたことは確かだが、それは日本が敗退した後のことで、戦争中に日本が独立させたものではない[15]」と述べたほどだ。主観的意図の存否に捉われて、客観的結果の評価をおろそかにした結果だ。

日露戦争は、客観的事実として世界のアジア諸国の脱・植民地化の大きな流れを作り出した。日本が大東亜戦争を戦った主目的は、自衛のためと国家生存のための資源獲得であり、必ずしも植民地化されたアジア諸国を解放しようという直接的な政策的意図が、〝主目的として〟あったわけではないことは認める。

15）林健太郎氏の主張：別冊『正論』2006年4号「大東亜戦争〜日本の主張」 115〜116ページ

しかし誰が何と言おうとも、日本が大東亜戦争を戦ったおかげで、多くのアジア諸国がそれまでの白人による植民地支配から急速に解放されたという、〝客観的事実〟は動かない。歴史的評価は、個人や組織の〝主観的意図〟の問題ではなく、〝客観的結果〟の問題なのだ。

それに、日本には東亜新秩序を打ち立てようという政策的意図が全くなかったわけではない。大東亜戦争の主要な動機ではなかったにしても、それは確実に存在していた。平成二七年度の国会質問において自民党の三原じゅん子参議院議員が「八紘一宇[16]」という言葉を持ち出して、ほとんどの人を煙に巻いてしまった。この言葉は後述（二百六十九ページ）する大東亜共栄圏構想の精神を述べたものだ。筆者などの年齢層の人間の人口には膾炙されている懐かしい言葉だ。

これは『日本書紀』に出てくる言葉で、「全世界を一つの家にして仲良くしよう」という意味で、東亜の新秩序を構築しようというものだ。筆者は国民学校（今の小学校）時代に教室で毎朝、目をつぶって合掌して「ジュウサンダンデ（こう聞こえたのだが、未だに何のことかわからない。ご存知の方があればお知らせ願いたい）八紘一宇」と何回も唱えさせられたものだ。

筆者などの高齢者層は、今でも「八紘一宇」という言葉もその精神も良く覚えている。決して掛け声だけではなかった。明らかに素読効果[17]があったと思われ

16）八紘一宇：『日本書紀』に出てくる言葉。神武天皇が大和橿原に都を定めたときの詔勅に「兼六合以開都、掩八紘而為宇」すなわち、「六合〈くにのうち〉を兼ねてもって都を開き、八紘〈あめのした〉をおおいて宇〈いえ〉となす」とあることに由来する。ＧＨＱはこの言葉を軍国主義、過激な国家主義を表わすものとして「神道指令」により使用禁止にした。

17）素読効果：江戸時代の学習法のひとつ。子供が師匠の元に集まって、四書（儒教の代表的な経書『大学』『中庸』『論語』『孟子』）などを皆で声をあげて読む。人間の脳の発達段階からいうと子供の頃は大脳前頭葉は未発達だから、意味はもちろん理解できない。しかし、脳幹に刻み込まれるので成人してから無意識の内に影響を与える。

る。戦後、ＧＨＱはこの言葉は日本がアジアへの侵略を正当化するためのスローガンとして用いられてきたとして「大東亜戦争」などと共に使用を禁じた。

大東亜戦争における「客観的結果」は、長年にわたる白人による植民地支配を日本が解放して（あるいは解放を助けて）アジア諸国の独立に貢献したということなのである。誤った東京裁判史観のせいで、長い間日本人の心の底に罪悪感がトラウマとなって澱《おり》のようにしこっているが、**大東亜戦争は、「西欧諸国のアジア侵略に対抗したアジア人による自衛戦争」だったのだ。日本人は堂々と誇りを持ってよい。**

■第四の視点：「歴史認識には巨視的視点が必要」

●史実の一部の要素だけで全体を判断するな

戦争、革命、などの大変化を伴う歴史的に重要な史実は、必ず複雑かつ多様な要素が絡み合っている。その一部の要素のみを抜き出して、その史実全体の性格を判断することはできない。例えば、満洲に関する事柄で、関東軍の一部に侵略的な行為や言辞があったからといって、日本は満洲に侵略したと見るのは間違いである。

第一、学問的にも国際的にも侵略の定義は成立していない。たとえ通俗的な意味に於ける侵略を意味するとしても、国家の意思として相手国を植民地化して経済的に収奪する行為が客観的に存在していたことを証明できなければ、侵略したとは言えない。

諸要素の中で共通かつ支配的な性格を持った要素の集合体が、長期的な歴史の脚光を浴びて評価されるようになり、その史実の集合体に対する歴史認識が定着するようになる。短期間では評価は定着しないから、定着するまでには長期間すなわち百〜数百年ほどの期間が必要である。**史実は巨視的な視点で考察しなければならない。**

●「歴史は虹を見よ」

先日亡くなった故・渡部昇一上智大学名誉教授が紹介されたオーウェン・バーフィールド[18]の**「歴史は虹を見よ、それを構成する水滴や霧にまどわされるな」**という言葉もこの第四の視点に通じる。史実の中の小さな水滴や霧に惑わされて、全体の本質、すなわち「虹」を見誤ってはならないというものだ。けだし名言だ。

バーフィールドは、ニュートンの『光学』（一七〇四）よりも、文豪ゲーテの方が虹の現象をよく説明する、としている。つまりニュートンは、虹を光の客観的物理現象としてのみ分析したのに対して、優れた自然研究家でもある文豪ゲーテは、その『色彩論』（一八一〇）において「色彩は、その色を見る人間があってはじめて成立する」という視点を導入して、天然色を扱う現代の光学の基礎を作った。

バーフィールドがこれによって主張したのは、歴史は無数の史実の単なる集合体ではなく、

18）オーウェン・バーフィールド（1898 〜 1997）：英国の英語史家・評論家。

ある種の〝思想〟であるということだ。個々の史実はそれ自体では客観的存在であるにしても、若し、それらが無数に集まってある時代の歴史を雑然と形成するだけであるならば、長期的な流れを俯瞰することは困難である。そこで、長期的な流れを俯瞰できる手掛かりを抽出すること、及びそのための判断基準を持つことが重要となる。それを実行することこそが歴史家の使命であるということを、バーフィールドは言いたかったのだ。

つまりある水滴や霧が、歴史の「虹」を作る重要な要素なのか、あるいは単なる偶発的あるいは従属的な歴史の些細な部品としての出来事に過ぎないのか、を見分けることこそが重要であるというわけだ。筆者は、その判断の基準になるのは、その案件が長期的な歴史の流れの中で、**〝一般化〟を伴う〝抽象化〟ができるかどうか**を判断することであると考えている。

例えば日本の古代史において、中大兄皇子（のちの天智天皇）と中臣（藤原）鎌足らが計略を巡らして蘇我入鹿を刺殺してしまったという殺人事件があった。乙巳《いっし》の変である。事実の存否のみに捉われれば、これは古代政治史の中で起こった単なる殺人事件に過ぎないということになる。

しかし、この事件は、公地公民制、地方行政組織の確立、戸籍・計帳の作成と班田収授法の施行、租・庸・調の統一的税制の実施、という具体的な一連の出来事の発端であった。そのような一般的な位置づけを発見することができれば、この一連の史実の長期的かつ抽象的側面、すなわち「虹」は、「それまでの豪族を中心とした政治から天皇中心の中央集権国家への移行という新政であった」という歴史認識を持つことができるのである。

もう一つ例を挙げておこう。大東亜戦争が終結すると、シナ大陸においては蒋介石の国民党と毛沢東の中国共産党の間で大陸の覇権をめぐる戦いが表面化した。おそらく国民党軍が米国の支援を受けて優勢であろうというのが一般的な見方であった。ところが国民党軍は兵士の略奪、強姦、殺人などの残虐行為の故に、民衆の支持を得ることができなかった。米国もそのような統制のとれない勢力を支持することはできないとして、かつての盟友であった蒋介石を見放したのである。結局、共産党軍が勝利して国民党軍は台湾に逃げ込まざるを得なくなった。

しかし、今度は台湾の苦難の日々が始まったのである。

台湾人の蔡焜燦《さいこんさん》氏はその著書[19]の中で、具体的な事実を一つ一つ例を挙げて詳しく紹介しているが、それ等の一連の史実の長期的かつ抽象的側面、すなわち「虹」について次の通りに見事にまとめている。

> **かつて日本軍が大陸の都市を占領すると、まず治安確保に注力した。中国共産党軍の場合は、民衆に飯を食わして抱き込んだ。ところが国民党軍は、何をさしおいても先ず私腹を肥やしたのだった。**

蔡氏は台湾の人々が受けた不当かつ悲惨な史実を詳述しているが、そのすべてがこの「虹」の視点に照らし合わせてみることによって、容易に俯瞰することができるのである。

19）蔡焜燦『台湾人と日本精神』小学館　2001 年　188 ページ

ナポレオンのフランスにおける歴史的評価が、ドイツ、オーストリア、ソ連等におけるそれと一致することは永久にないし、伊藤博文を暗殺した安重根の評価が日本と韓国で一致することも永久にない。それでも、韓国が主張する慰安婦問題、中国が主張する南京問題のように、ありもしない水滴を存在したと主張したり、透明な水滴を色がついて濁っていたなどと虚偽を主張したりすることは断じてあってはならない。

なお、「虹」は国別に異なった形で現れる。虹を作り出す水滴を選択して評価する基準にはどうしても主観的な判断が働くから、各国の歴史の虹が一致することは絶対にありえない。一つの史実に十の国が関係していれば、十種類の虹が存在するのだ。

●侵略と虹

侵略の定義の問題にしても、これまで多かれ少なかれ侵略的な行為を行ってきた先進国のそれぞれの立場が異なるから、意見の一致をみることは今後ともあり得ない。**侵略は国家の犯罪であるから**、日本の軍部や民間人の一部が国家の意思に反して、例えば満洲で侵略的行為を行ったとしても日本が侵略をしたことにはならない。対満洲政策における「虹」は、日本は満洲を友好国として育成しようとしたことである。満洲国と日本の間に皇室の姻戚関係まで作ったことである（二百五十六ページ参照）。

日本が「侵略をした」などと自虐的に自己申告をしても、日本は反省を忘れない立派な倫理観を持った国だ、などと思ってくれる国はない。国際的には軽蔑されるだけなのだ。それに、次項において述べるように虚偽は絶対に排すべきであり、それは歴史認識以前の問題である。

●大東亜戦争における「歴史の虹」

「歴史の虹」を見るためには、国家や集団の統合的かつ客観的な行動の結果を見なければならない。それも枝葉末節に属するような些事ではなく、百年単位の歴史の大きな潮流を形作るような重大事項を見なければならない。

前項の第三の視点（三十五ページ）で述べたように、当事者の国家や集団の構成員や関係者個々の主観的な意図や行動がどうあったかなどに目を奪われてはならない。歴史においては、国家であれ個人であれ、その主観的意図がどうあろうとも客観的結果が重要だ。逆に国家や個人が何かを意図して行動しても、客観的結果が伴わなければ意図の存在は無効であるから、無視される。また、たとえある意図が全く存在しなかった場合でも、あたかもその意図が存在して成就したに等しい客観的結果が伴えば、それも歴史的事実だ。

終戦後GHQは、大東亜戦争について日本国民に対する洗脳工作として、WGIPという〝刷り込み〟工作を行った。曰く「日本の軍国主義者が国民を騙して侵略戦争を始めたので、その罰として連合国から大空襲に遭い、かつ原爆まで投下されてしまった」というストーリーだ。これは既に真っ赤な偽りであったことが明らかにされつつある。真実は後述するように、ルーズベルト大統領が欧州戦線を中心とした世界戦略に打って出るために、日本を無理やりに戦争に引き込んだものだ。

いわずもがなのことかもしれないが、日本の軍人が、戦争という極限状況の中で図らずも起こしてしまった不祥事が全く無かったとは言わない。しかしこれは、人類一般の〝性《さが》〟に起因するものだ。バーフィールドの言う歴史の霧や水滴に相当する部分であって、いわゆる「歴史の虹」にはあたらない。欧米列強や中国が、国家の意思として行った数々の侵略行為とは明確に異なる。

繰り返す。日本は戦争をして相手と殺し合いをしたのだから、水滴や霧の部分では反省して謝罪すべきところが多々あるのは勿論だ。それでも、大東亜戦争の〝虹〟に相当する姿は、「西欧諸国のアジア侵略に対抗したアジア人による自衛戦争」だったのだ。日本人は堂々と誇りを持ってよい。

シナにおいても、当時、侵略の勢いが強く既に満洲のほとんど全域を支配していたロシアを相手に、日本が日露戦争を戦って勝利し、結果的に満洲は中国のものとなった。韓国に至っては、日本が日清戦争と日露戦争を戦ったおかげで、ロシアの植民地にもならず、また中国に編入されることもなく、独立を維持することができたのだ。その間に日本が払った甚大な犠牲と費用に対して少しは感謝してもらっても良いのではないか。

こうした「歴史の虹」を正しく見て評価することができるかどうかは、民族の品性にかかわる問題だ。韓国前大統領の朴槿恵《パククネ》は「正しい歴史認識を持てない民族には将来はない」と、繰り返し繰り返しのたもうたが、これはそっくりお返しする。慰安婦問題、靖国神社参拝問題、虚偽の南京事件、等々はいずれも歴史の霧や水滴に惑わされて虹を無視した結果なのだ。朴槿恵の後任の文在寅《ムンジェイン》大統領の姿勢が注目される。

第三節　歴史認識の多様性と相対性

■百の国があれば百通りの正義と歴史観がある

●日本人は独自の歴史認識を確固として持てば良い

以上に述べた四視点により、歴史認識は必然的に多様で相対的なものであることが言える。中国と韓国は日本を「歴史を直視していない」と非難して止まないが、彼らが信じたい歴史認識が唯一絶対のものであると主張するのは、歴史認識の多様性と相対性という本来的な性格を否定する、あるいは理解していない誤った見方である。

国際関係はそれぞれの国益がぶつかり合う戦場のようなものだ。**正義はそれを主張する国と同じ数だけあり、道徳観も倫理観の基準も時代と共に移り変わる。そこには絶対的正義も絶対的不正義もない。**国際関係はそのように複雑怪奇なものであり、これまで日本はあまりにもナイーブ過ぎた。

日本人は日本人自身の確固たる歴史認識を持って、それを堂々と主張すればよい。卑屈になる必要はどこにもない。ただし、それを以って相手国を納得せしめることが可能であるなどと考えるのは幻想でしかない。

中・韓の如く全く虚偽の上に成り立つ中傷は、史実の〝歴史的解釈と評価〟の問題ではない。それ以前のものであるから、断固として反論してはねつけなければならない。「言い訳はしない」などという日本的美意識は、国際社会では通用しない。特に中・韓との関係においては決して発揮すべきではない。

●二十一世紀懇談会の愚行

安倍首相は、平成二七年に戦後七十年談話を発表したが、安倍首相はこれに先立って二十一世紀懇談会に談話についての提言作成を依頼した。座長を実業家の西村泰三氏、座長代理を北岡伸一国際大学学長（当時。現在はＪＩＣＡ理事長）が務めた。同懇談会は八月六日に提言報告書（北岡座長代理の執筆と思われる）を提出したが、全般的に自虐史観に影響された不満の多いものだった。

同提言は、謝罪の必要性には触れなかったとはいえ、先の大戦をめぐる日本の行為を「侵略」であると述べ、「植民地支配」をしたと決めつけていた。同懇談会の委員十六名の内の十四名が外務省枠の侵略容認派であり、中西輝政京大名誉教授と他一名の二名のみが官邸枠であった。十四名対二名では正常な議論は成立しない。

安倍首相に「日本は侵略をした」と言って欲しいと要望するのは、北岡氏の極めて愚かな個人的見解によるものだ。侵略を認めたら謝罪と賠償を要求されるのが常識だから、単なる北岡氏の個人的〝告白と反省〟による自慰行為として済ませられる問題ではない。日本を卑しめるだけでなく、国際的な補償要求の嵐を呼び寄せるものだ。

更に北岡氏は「日本の歴史研究者に聞けば、九十九％は〝侵略戦争をした〟と言うと思う」と述べた。もっとも後刻、侵略について〝学問的には〟と付言したとのことだ。後述（五十八ページ）するが、学問的にも国際法的にも侵略の定義は定まっていないのであるから、〝学問的には侵略をしたことになっている〟などということは絶対にあり得ない。

かつて細川護煕氏が首相就任の記者会見において記者団の質問に答えて「日本は侵略をしたと思う」と述べたことがある。そう言わせようとした記者団の卑怯極まる亡国的質問にひっかけられたものだが、アッという間に各国から追加の謝罪と補償を要求する列ができてしまった。これも詳細は後述（八十六ページ）する。

侵略国の御本尊ともいうべき英国からもメージャー首相が来日し、オランダ（三百年以上もインドネシアを植民地経営して経済的収奪をほしいままにした）、米の地方議会、オーストラリアからも追加補償の要求が殺到した。質問をした記者達は大喜びで日本を貶める記事を書いて紙面を飾ることができた。本当に、情けない！

北岡氏には前科（？）がある。平成一九年に北岡氏が座長を務める「日中歴史共同研究」が行われた。その日本側の報告書のタイトルはなんと「日本軍の侵略と中国の交戦」であった。その内容は日本がシナに侵略戦争をしかけたことを認めて日本を侮辱する酷い内容のものであった。現在の中国の執拗な日本非難の根拠の一つとなっており、いまだに国益を大いに損ねている。

歴史学者の伊藤整東京大学名誉教授は、評論[20]『北岡君のオウンゴールを叱る』の中で「二つの国の歴史が交わることはありえない」と指摘し、事前に北岡氏に「『侵略』という言葉は絶対に言ってはいけない」と助言していた由である。日本財団会長の笹川陽平氏も同共同研究会の報告書を読んで大いに憤慨して、北岡氏らの日本側学者を「曲学阿世《きょくがくあせい》の徒」とまで言って批判した[21]。

世界の先進諸国（中国を含む）で、かつて他国に武力で侵入して植民地支配をしなかった国は皆無である。しかもそのどの国も侵略をしたなどと認めてはいないし、もちろん謝罪もしていない。英国の如きは中国（清）に麻薬（阿片）を売り込み、その代金支払いが滞ったことを理由にして戦争を仕掛けた。清国は戦争に負けて南京条約を結ばされ、英国への多額の賠償金の支払と香港の割譲が定められたのである。そうした行為こそを、〝侵略〟というのであるが、英国は侵略をしたなどとは口が裂けても言わない。もちろん、日本はそんな侵略はしたことがない。

●残虐行為は絶対悪

百の国があれば百の正義があるが、残虐行為だけは別である。いわゆるＡＢＣ（Atomic Bomb ＝原子爆弾、Bacteriological Weapon ＝細菌兵器、Chemical Weapon ＝化学兵器）などの非通常兵器の使用、虐殺などの人倫にもとる行為は絶対悪であり、歴史認識の多様性や

20）伊藤整『北岡君のオウンゴールを叱る』：雑誌『歴史通』2015 年 5 月号　40 ページ
21）笹川陽平ブログ（ http://blog.canpan.info/sasakawa/archive/2316 ）

相対性の例外であるということだ。**他にどんなに重要に見えるプラスに評価できる点があろうとも、絶対に看過したりプラスに転化したりできない。**

原爆に限らず、化学兵器（シリア・アサド政権が使用したサリン、米軍がベトナムで用いたダイオキシン、北朝鮮が金正男暗殺に使用したＶＸ等）や生物兵器（病原菌の散布等）、などの使用も、いくら大きな政治的、あるいは戦争阻止などの人道的な効用があると思われても、決して許容してはならない。どんなに大きそうに見えるプラスでも、全人類の滅亡を埋め合わせられるものはない。

なお筆者は、日本軍の兵士が戦争中に死と隣り合わせになった極限的状況の中で偶発的に残虐的行為に至ったことがあるであろうことは決して否定するものではないし、それについては慙愧に堪えないと思っている。しかし、東京大空襲、原爆投下、のような民間人の大量殺戮という残虐行為を〝計画的に大規模に〟行ったという事実は断じてない。日本軍は世界一軍紀の厳しい軍隊であったのだ。

極東国際軍事裁判（以下、単に「東京裁判」と略称する）において、パール判事はトルーマンが、「原爆使用を決定したことは、ドイツのホロコーストに唯一匹敵する行為」であったと論じた。パール判事は、米国による原爆投下こそが、国家による非戦闘員の生命財産の無差別破壊を〝大規模かつ計画的に〟行ったもので、ナチスによるホロコーストと同罪であると断罪したのである。

第四節　高度な政治判断と歴史認識

■政治は国益優先の未来志向が大事

●優先すべきは我が国の国益

日本を無理やり巻き込む形で世界大戦に参戦した米国は、首尾よく欧州戦線に勝利し、マーシャル・プランによって戦後の疲弊した欧州諸国を救った。そして、その後に成立した北大西洋条約機構（ＮＡＴＯ）におけるリーダーシップを確立した。しかし欧州諸国は米国の過度の支配力を警戒し、かつドルに対抗するために、ＥＵ体制を造り上げて現在に至っている。

大東亜戦争の経緯について、今、米国を恨んで批判しても日本にとって何のプラスもない。トランプ大統領は、自国に不利な過去の歴史に関しては反省したり配慮したりすることは決してないだろう。「アメリカ・ファースト」だからだ。日本も「日本ファースト」で行けば良いだけである。

それよりも、日本の国家と国民が自発的にするべきことはもっと沢山ある。第一に、歴史認識の多様性と相対性を認識して、自虐史観から脱却し日本民族の誇りと尊厳を取り戻すこと、第二に、国際関係の真の姿は食うか食われるかであることを認識して、これまでの穏便・友好第一の軟弱な謝罪外交を改めて、情報戦争を勝ち抜くこと、そして第三に、日本は米国とは過去の恩讐を越えて確固たる同盟関係を維持し、かつ発展させることである。

しかし何度も言うようだが、米国の関心は米国の国益の増進であって、日本のそれではない。靖国神社へも、首相をはじめとする全国民が参拝して欲しい。我々が永久に信頼できるのは我々自身であり、我々が肝に銘じておくべきなのは、我々が我々自身の手でこの国を護ることなのだ。

●安倍首相の米上下両院議員総会における演説

安倍首相は平成二七（二〇一五）年四月に訪米し、上下両院議員総会において「未来志向の日米同盟関係の強化」を自らの言葉で発信する歴史的な演説を行った。これほどの賞賛を浴びた演説を、かつて日本の首相が行ったことがあったであろうか。米政治家の称賛は単なる儀礼であったとケチをつけるむきもあったが、当たらない。

米国は安倍首相をタカ派の歴史修正主義者と決めつけていたので、演説においても日米間の歴史認識のギャップについて何らかの言及があるのではないかと米政治家は若干身構えていた。とはいえ当時の米国は、中国の傍若無人ぶりがわかってきつつある中で中国政策を見直すべきではないかと意識していた所だし、毎年、多額の軍事費の削減をしなければならない状況でもあったので、何としても強力な同盟国が欲しかった所なのである。

日本にしても、ここで米国を敵に回したら、中国が敵対行為を行ったとしても日米安保条約はヴァンデンバーグ決議（後述）によって発動されない危険性もある。日米安保条約自体もたった一年前の事前通告で終結できるし、有事の場合に何をしてくれるのかについては第五条には何も書いてない。「遺憾である」旨の声明を出すだけかもしれないが、それでも条約違反にはならない。

安倍首相はそうした悪夢が起こらないように、先手を打って歴史認識の面では大幅に譲歩をして見せて、米国の警戒心を和らげたのだ。共和党は、安心して中国寄りのオバマへ批判を強め、当時のオバマも多少は中国寄りから日本寄りに転換せざるを得なくなった。トランプ大統領も、こうした変化は引き継ぐに違いない。

安倍首相は、私人のタカ派としての信条は貫くことができなかったが、公人（首相）として日本の長期的な国益を護るという観点からは見事な対応であった。日本では保守の論客の中でも、これを安倍首相の変節であると批判する向きがあるが、間違っている。政治は国益優先の未来志向が大事だ。

日本としては無制限に米国の期待に応えるわけにはゆかないが、この機会を日米間の非対称関係を是正する大きなチャンスにしてもらいたい。日米地位協定の改正問題もある。また、米国から提供してもらえる航空機などの兵器は全てヴァージョンが一周遅れた古いものだし、ソフトウエアも暗号もブラックボックス化しており、全て米国製に頼らざるを得ない現実もある。従来のようなほとんど片務的な軍事同盟関係のままでは、こうした非対称関係の是正は到底不可能である。

かつて保守の旗頭の一角であった漫画家の小林よしのり氏は、首相の歴史認識の面における譲歩に落胆して強く批判している。同氏はブログ[22]で、

22）小林よしのり氏のブログ：http://yoshinori-kobayashi.com/7535/

今後、安倍首相が靖国参拝をしても、わしはアメリカのポチに成り下がった奴が、英霊を愚弄するんじゃないと怒るしかない。しかし、あれほどアメリカの戦争を「自由」と「民主主義」の「正義」の戦いとして持ち上げ、日本を「悪の帝国」にしてしまう安倍首相の演説を、日本の自称保守派はなぜ喜べるのか？　わしには理解不能だ。

とこきおろした。ことある毎に同氏は安倍首相に批判的である。左翼は大喜びだ。

しかし、金美齢氏は「教科書に載せるべき歴史的名演説だ」と称賛[23]した。筆者も同感だ。もし、安倍首相が〝歴史修正主義者〟の本領を発揮して米国と論戦を行ったら、米国も身構えて応戦することになる。首相は一国の命運を預かる、〝したたかな政治家〟として国際政治上の力学的配慮をすることが求められている。ここで米国と歴史認識のギャップを言い立てて、米国の痛い腹をキリキリとえぐっても、国益の面からは何のプラスもない。国民は気骨のある「正直な政治家」ではなくて「したたかな政治家」を求めているのだ。

トランプが大統領に当選すると、安倍首相はいち早く訪米して会談を行い、トランプのフロリダの別荘に招待されてゴルフまでやった。米国と日本の緊密な関係を世界に示すことができたので、大成功だった。筆者は、これは、安倍首相が行った上下両院議員総会における演説に共感した共和党の重鎮達が新大統領に勧めたことの結果であると見ている。

23）金美齢氏の安倍首相演説評価：http://ameblo.jp/mio8921fuku/entry-12031396314.html

●歴史修正主義

歴史の事実認識は、たとえそれまで主流であった認識であっても、新しい史実が発掘される毎に更新されるのが当然である。従って本来、歴史は常に修正主義であらねばならない。それにもかかわらず、修正主義を批判する勢力は修正を絶対悪と見做して、議論することさえも拒否するのだ。修正主義をアプリオリに許さないと主張する者は、今後とも後を絶たないだろう。

彼らは、修正主義とは、従来の確立された客観的な歴史学の成果を無視して、自らの恣意的な史実を捏造したり、都合の悪い過去を過小評価あるいは無視したりしようとするものであると極めつける。歴史は、所詮は勝者が作り上げてきたものであるから、敗者が自らの歴史観を主張すると、必ず勝者から歴史修正主義のレッテルを貼られる。敗者はせいぜい、歴史認識の相対性や多様性をオズオズと指摘するくらいのものだ。

第二次大戦におけるドイツのホロコーストは絶対悪であるという認識が確定している。フランスでは、これに異を唱えるのは法律で禁止されているくらいだ。二〇一三年末にパリで行われた「アングレーム国際漫画祭」において、韓国政府は慰安婦問題を取り上げた漫画や絵を仏語で制作して陳列し、参加者に大々的に日本を攻撃する資料を配布した。

これに対して日本政府、在仏日本大使館、藤井実彦氏らの「論破プロジェクト」などの民間団体が抗議活動を行ったが、仏の漫画祭の当事者は「慰安婦問題がなかったと主張するのは、ホロコーストがなかったと主張するのと同じで、フランスでは違法である」とまで言って受け付けてくれなかった。本当にフランスの法律がそうなのか、信じがたい。日本政府はこの問題に対してどのような対策を講じたのだろうか。多分、一応の抗議はしたが、あっさりと引き下がったに違いない。漫画祭への参加者の多くは、日本がこんな残虐なことまでやったとは知らなかったと述べたという。国辱問題である。現在のところこうした問題についての担当省庁は無為無策の外務省であるが、新しい担当省庁を創設しないとこうした問題は永久に起こり続ける。

●身勝手な歴史認識を優先させて国益を損なった韓国

安倍首相と対照的に、朴槿恵前大統領は、「日本は歴史認識問題の謝罪に応じないので、首脳会談もできない」と執拗に米国に訴え続けた。これも親友とも占い師ともいわれる崔順実《チェスンシル》の示唆によるものだろうか。米国も、さすがに辟易とするに至った。

朴槿恵が弾劾を受けて罷免されて、次の韓国大統領として文在寅が当選した。文在寅は朴槿恵以上の反日かつ親北の大統領だ。親中でもあってＴＨＡＡＤの配備に反対しているから米国も頭が痛いだろう。

慰安婦問題に関しては先に行われた日韓合意も韓国民の「情緒」に反するものであるとの理由から、再交渉を主張している。二国の政府間で、〝最終的かつ不可逆的〟に結んだ正式な合意を、自国の国民が気に入らないからと言って再交渉を主張するのでは、法治国家とはいえない。弁護士としてのキャリアが泣くというものだ。日韓関係が改善される可能性は、少なくとも当面は見込めな

見える。

いと覚悟をしておいた方が良いだろう。

ただし文在寅の当選後の言動から見ると、インテリで合理的思考能力は持っているように見える。新しい情報も入手できるようになるから、より広い見識を持つことができるようになるはずだ。「日本が日露戦争と日清戦争を戦ったおかげで、韓国はソ連や中国の属国にならずに独立国で居られる」という〝歴史の虹〟について、どのような見解を持つであろうか。従来通りの理屈抜きの反日・親北路線を貫くのか、それとも親米・親日の現実路線に転進できるのか、注目したい。

韓国は、歴史認識の問題をあらゆる政治的判断に優先させるという極めて愚かな政策を執り続けている。歴史認識問題は、国家と国民の尊厳にかかわる問題であるから極めて重要であることは言を俟たないのであるが、それよりも国家統治の基本に関する高度な政治性を有する国家の行為に対しては道を譲るべきであることを付言しておきたい。

第二章　侵略の歴史認識

第一節　学問的・国際的な侵略論

■国際社会による侵略の定義づけへの取り組み

●ドイツへの補償金要求の根拠が、侵略概念形成のはじまり

国際社会においては侵略の定義づけの努力が長年の間続いており、膨大な作業が行われてきた。しかし、現時点に至るまで確立された有効な定義はまだ存在しない。筆者は、おそらく永久に成立することはないだろうと考えている。長谷川三千子埼玉大学名誉教授は産経新聞の「正論」[24]欄で次のように述べている（引用要約：文責筆者）。

侵略という言葉が国際法の舞台に登場してきたのは、第一次大戦後のヴェルサイユ条約の第二百三十一条に「連合国政府はドイツおよびその同盟国の侵略により強いられた戦争の結果、連合国政府および国民が被ったあらゆる損失と損害を生ぜしめたこ

24）長谷川三千子『歴史を見る目歪める“北岡発言”』：産経新聞「正論」欄　2015.3.17

とに対するドイツおよびその同盟国の責任を確認し、ドイツはこれを認める」とあることがきっかけである。このような罪状によって、ドイツには連合国の戦費すべてを負担する全額賠償という巨額の賠償が負わされた。

ドイツの「侵略」認定の根拠としては、何の客観的検証もなされなかった。第一次大戦の原因をもっぱら敗戦国だけに負わせるための概念として登場したのが、この「侵略」という言葉だった。第一次大戦と第二次大戦の間に「パリ不戦条約」が成立して、それに違反した戦争は違法な侵略戦争であることになった。

しかし、この不戦条約には米国の政府公文書の形で、この条約は自衛権を制限するものではなく、各国とも「事態が自衛のための戦争に訴えることを必要とするか否かを独自に決定する権限をもつ」旨が記されている。現実に個々の戦争がこれに違反するか否かを判断するのは至難の業なのだ。

●パリ不戦条約

パリ不戦条約は、長年にわたる第一次大戦のために欧州諸国が疲弊しきってしまったので、せめて侵略戦争と自衛戦争の区別くらいはつけて、侵略戦争は禁止しようという運動から生まれたものだ。大戦後、約十年たった一九二八年にようやく米ケロッグ国務長官と仏ブリアン外相が奔走して締結に至ったので、「ケロッグ・ブリアン協定」とも呼ばれている。

最初に米、英、独、仏、伊、日本といった当時の列強諸国をはじめとする十五カ国が署名し、その後ソ連なども参加して、署名国は合計六十三カ国となった。たったの三カ条しかない条約[25]で、自衛の定義も侵略の定義も、また条約違反に対する制裁についての規定もない。加盟国それぞれの意見があまりにもかけ離れていて、合意に至らなかったためだ。

条約の運用上は、加盟国は原則として自衛権を保持しているとみなされ、その判断は当事国の自主的裁量に任されている。**自国が自衛戦争と認めれば自衛戦争である**ということになる。日本国憲法第九条の前半部分は、このパリ不戦条約の丸写しといって良いほどのものである。

米国は、自己の勢力圏とみなす中南米に対する行為に関しては、この条約は適用されないとの留保を行った。英国も、たとえ国境外であっても、自国の利益にかかわることで軍事力を行使しても侵略ではないとの留保を行った。**日本も、軍事力を行使して極東に有する影響力を維持するとし、そのような影響力の対象範囲に満洲国が入るとの留保を行った。**

従って実質的には全体が空文化しているといっても良い。同条の国際慣習法上の解釈では、米英両国及び日本を含めた各国の留保が通用するという前提の上で、有効とされている。つまり各国の留保は有効と解釈されているのだ。

25）パリ不戦条約：第一条「締約国は、国際紛争解決のため、戦争に訴えることを非とし、かつその相互関係において、国家の政策の手段としての戦争を放棄することを、その各自の人民の名において厳粛に宣言す」第二条「締約国は、相互間に起こる一切の紛争または紛議は、その性質または起因の如何を問わず平和的手段による以外、これが処理または解決を求めないことを約す」第三条（加入と批准、運用、事務連絡について（略）。

大東亜戦争も、日本が自衛戦争であると主張しさえすれば、パリ不戦条約に関する限りでは自衛戦争と認められるということだ。それにもかかわらず、米国は自国には適用しないと宣言したこの条約を日本には適用して、不当な東京裁判を強行した。著しいダブル・スタンダードだ。東京裁判の訴因自体が不戦条約の内容に反していたのである。

■国連の「侵略の定義」づけの試み

●国連総会の決議

その後、半世紀近く後の一九七四年に至って、国連総会の場で「侵略の定義に関する決議（Resolution 3314）[26]」が採択された。ただし、採択されたのはこれを安全保障理事会に提案しようということであって、これを定義として確立しようというものではない。その概要は、

「侵略とは、国家による他の国家の主権、領土保全もし

26）国連「侵略の定義に関する決議」：
第一条（侵略の定義）侵略とは、国家による他の国家の主権、領土保全若しくは政治的独立に対する、又は国際連合の憲章と両立しないその他の方法による武力の行使であって、この定義に述べられているものをいう。

第二条（武力の最初の使用）国家による国際連合憲章に違反する武力の最初の使用は、侵略行為の一応の証拠を構成する。ただし、安全保障理事会は、国際連合憲章に従い、侵略行為が行われたとの決定が他の関連状況（当該行為又はその結果が十分な重大性を有するものではないという事実を含む）に照らして正当に評価されないとの結論を下すことができる。

第三条（侵略行為）次に掲げる行為は、いずれも宣戦布告の有無に関わりなく、二条の規定に従うことを条件として、侵略行為とされる。
(a) 一国の軍隊による他国の領域に対する侵入若しくは、攻撃、一時的なものであってもかかる侵入若しくは攻撃の結果もたらせられる軍事占領、又は武力の行使による他国の全部若しくは一部の併合
(b) 一国の軍隊による他国の領域に対する砲爆撃、又は国に一国による他国の領域に対する兵器の使用
(c) 一国の軍隊による他国の港又は沿岸の封鎖
(d) 一国の軍隊による他国の陸軍、海軍若しくは空軍又は船隊若しくは航空隊に関する攻撃
(e) 受入国との合意にもとづきその国の領域内にある軍隊の当該合意において定められている条件に反する使用、又は、当該合意の終了後のかかる領域内における当該軍隊の駐留の継続
(f) 他国の使用に供した領域を、当該他国が第三国に対する侵略行為を行うために使用することを許容する国家の行為
(g) 上記の諸行為に相当する重大性を有する武力行為を他国に対して実行する武装した集団、団体、不正規兵又は傭兵の国家による若しくは国家のための派遣、又はかかる行為に対する国家の実質的関与

くは政治的独立に対する、または国際連合の憲章と両立しないその他の方法による武力の行使である」というものであった（詳細は脚注26参照）。

この決議は国連憲章により、国連の安全保障理事会が侵略の事実の有無を認定[27]する際の指針にする性格のものとされている。安全保障理事会はさぞかし困ったことだろう。これでは先進国の全て、特に常任理事国の全てが侵略国とされてしまうからである。

そのため、安全保障理事会がこれを侵略の事実の有無の認定基準とすることについては慎重論が強かった。〝慎重論が強かった〟というのは外交用語特有の抑えた表現で、実質的には〝拒否された〟ことを意味する。要するに、先行する長年の作業と検討にもかかわらず、安全保障理事会のどの国もこれを真面目には相手にしなかった、ということだ。

更に、次項に述べるように国連国際刑事裁判所で「ローマ規程」が検討されることになり、後述のカンパラ会議以降において膨大な作業と検討が行われている。しかし、米国も背を向けていることもあって実質的な進展はない。

そもそも「戦争」の主体は国家であるのに、この国際刑事裁判所の検討は、国家の戦争における犯罪責任を個人に問うという大きな矛盾を含んでいる。侵略の定義も定まっていないし、安全保障理事会が容認できる侵略の定義が合意に至るわけでもない。今後とも状況が変わる可能性はないので、筆者は、永久に結論は出ないと見ている。

この国連総会の「侵略の定義」に関する決議についての日本政府の正式見解は、平成

27）安全保障理事会による侵略の有無の認定：ある国によって第三国の平和が脅かされた場合、加盟国は国連憲章第七章の規定に従って、安全保障理事会が「平和に対する脅威、侵略行為の認定」（三十九条）を行い、事態悪化の暫定措置を関係当事者に要請（四十条）する。もし暫定措置が失敗に終わった時は、非軍事的強制措置を適用（四十一条）し、それでも不十分な場合は軍事的強制措置（四十二条）が発動される。

二〇（二〇〇八）年一二月一一日の参議院外交防衛委員会の議事録によれば、「（国連の決議は）侵略について一定の行為を具体的に列挙した相当包括的な内容を含むもの」と認識するが、「それ自体が法的拘束力を持つもの」ではなく、「安全保障理事会も含めて**今後参照していくというガイドラインとしての性格を付与されたもの**と理解している」と答弁している。ただし、ガイドラインとしても国際的に通用してきたという事実はない。

これまで日本は、国際機関の「侵略」の定義づけ作業に対して常に一定の距離を置いてきた。それは、侵略の定義づけそのものに反対の姿勢を明白にしている米国の立場と通じるものがあった。この立場は、引き続き堅持してゆけば良いだろう。

こうした国際情勢の中で、もし安倍首相が戦後七十年談話の中で「日本は侵略をした」などということを述べたら、現在に至るまでの国連において日本政府が述べた立場を全て否定することになる。また、侵略の定義づけそのものに反対の姿勢を明白にしている米国の立場も否定することになるのだ。

前述（四十七ページ）の通り、こうした危惧にもかかわらず、安倍首相は戦後七十年談話の中で二十一世紀懇談会の北岡伸一座長代理の主張を採用して、先の大戦をめぐる日本の行為を再度「侵略」であると述べ、「植民地支配」をしたと反省の意を表してしまった。

これは保守派の論客の間でも大きな論議を呼んだ。安倍首相を支えてきた保守派への裏切りであるとの批判まであった。筆者は、北岡氏の日本侵略国家説には真っ向から反対するものであるが、この談話については一概に反対するわけにはゆかず、若干、ニュアンスを異にする。

日本侵略国家説は、明らかに私人としての安倍首相の本意ではないことはわかっているが、日本が複雑な国際情勢の中を泳ぎ切るためには、こう言っておいた方が良いとの判断があったものだろう。国際的には〝修正主義者〟として知られて非常に警戒されていた安倍首相が、公人としての立場を優先させた結果としての発言であったと筆者は理解している。

従って筆者は、この部分には必ずしも賛成ではないが、首相という立場はそうした判断を行う責任と義務があるということは認めている。日本が必要としているのは「気骨のある正直な政治家」ではなくて、長期的な国益を優先して、それを実現できる「したたかな政治家」なのである。

表現も日本特有の主語を省略する形で、わざわざ人類全体に通じる一般論の形で戦争の惨禍について言及した所に工夫が見られる。ところが、外務省のＨＰに発表された英訳を見て、筆者は愕然とした。次に述べるように、原文には省略されていた主語が全部〝We〟となって、主体も責任も日本にあったと安倍首相が語ったことになっているのだ。

例えば日本語の原文「二度と戦争の惨禍を繰り返してはならない。事変、侵略、戦争、いかなる武力の威嚇や行使も、国際紛争を解決する手段としては、もう二度と用いてはならない。植民地支配から永遠に訣別し、すべての民族の自決の権利が尊重される世界にしなければならない」は次のように訳されている。

We must never again repeat the devastation of war.
Incident, aggression, war – we shall never again resort to any form of the threat or use of force as a means of settling international disputes. We shall abandon colonial rule forever and respect the right of self-determination of all peoples throughout the world.

最初の部分は「The devastation of war should never be repeated again.」のように全体を受け身に訳すか、〝人類〟を主語としなければならなかった所だ。いくら何でも原文にはないニュアンスを英訳に勝手に追加するのは重大な越権行為である。意図的にやったのか、若い官僚に任せっぱなしにして見逃したのかわからないが、絶対に見逃せない。局長クラスの外務官僚の首が飛んでもおかしくないミスだ。なお筆者は、これはミスなどではなく外務省が意図的に仕組んだ悪質な国家反逆行為だと考えている。

●個人の責任を追及した「ローマ規程」

二〇〇三年、国連はハーグに個人の国際犯罪を追及する国際刑事裁判所（ＩＣＣ＝International Criminal Court）を設置した。その構成、管轄する犯罪、手続きなどを規定した国際条約が、通称「ローマ規程（The Rome Statute of the ICC）」と呼ばれているもので、日本も平成一九（二〇〇七）年に加入した。

このローマ規程において「侵略」の定義づけの作業を継続することになった。なお二〇一六年に南シナ海をめぐる問題で、フィリピンが提訴して中国が判決は紙屑だと言い捨てて有名になった常設仲裁裁判所[28]とは別のものである。

注目すべきなのは、国連の国際司法裁判所（ＩＣＪ＝International Court of Justice）が〝国家の国際犯罪〟を対象としているのと対照的に、この国際刑事裁判所は〝個人の国際犯罪〟を対象としていることだ。つまり、国際犯罪としての侵略の概念を、国内法における個人による民事上の不法行為や、刑事上の強盗・殺人・傷害などの暴力犯罪のアナロジーとして、先ず概念形成を図ろうとしたものである。

前述の通り一九七四年の国連総会において「侵略の定義」を安全保障理事会に回付することが決議されたが、安全保障理事会が拒否感を示して審議が進まなかった。これを継承して、二〇一〇年にウガンダのカンパラで国際刑事裁判所のローマ規程検討会議が行われ、侵略犯罪の定義も再検討されることになった。以来、毎年の膨大かつ頻繁な検討作業が始まったのである。もちろん個人の国際犯罪ベースの検討と議論である。

本来戦争は、国際法上は国家の正当な権利とされており、その行為の主体は国家である。個人としての指導者や政治家は戦争の主体ではない。悪い戦争とされる侵略戦争にしても、国家を主体とする国際犯罪であるはずだ。それにもかかわらず、ローマ

28）常設仲裁裁判所：1899 年の第一回ハーグ平和会議で設立された常設の国際仲裁法廷で、オランダのハーグに設置されている。ハーグに設立されている国際司法裁判所とは別の機関である。原条約は 1907 年の第二回ハーグ平和会議で改正されたが、103 ケ国が署名して批准している。国家をまたぐ企業の取引に関する紛争を仲裁する国際商事仲裁を扱う。国際司法裁判所と異なり、常設仲裁裁判所の裁判は相手国が拒否しても手続きは進めることができる。紛争当事者は裁判官名簿から裁判官を選定する。その判決には法的拘束力があるが、裁判所は執行する権限は持たない（Wikipedia より）。

規程では個人の国際犯罪として概念形成を図ろうとしたのである。ここに、これ以降の膨大な作業と検討が全てムダになってしまいつつある原因がある、と筆者は考えている。

上述のカンパラの審議に基づいて当時の締約国百十一カ国により、「侵略犯罪の定義[29]」が裁判所の管轄権行使の諸条件と共に決議（RC/Res.6）として採択された。三十の締約国が改正条項の批准または受諾を行った一年後に行使が可能となるとしており、その運用についても締約国の多数により平成二九（二〇一七）年一月一日以降に行われるはずの決定に従うこととなっている。しかしその後、具体的な動きはない。

この規程の第十五条により、侵略行為の認定は、国連安全保障理事会または国際刑事裁判所（安全保障理事会の付託による）の決定により行うことができることになっている。

日本政府の立場は次の三つの理由から、「（再検討会議における）規程改正の採択のコンセンサスには参加しないが、それをブロックすることはしない」としている。三つの理由と

29）国際刑事裁判所規程第八条の二（侵略犯罪）
一、この規程の適用上、「侵略犯罪」とは、国の政治的または軍事的行動を、実質的に管理を行うかまたは指示する地位にある者による、その性質、重大性および規模により、国際連合憲章の明白な違反を構成する侵略の行為の計画、準備、着手または実行をいう。
二、第１項の適用上、「侵略の行為」とは、他国の主権、領土保全または政治的独立に対する一国による武力の行使、または国際連合憲章と両立しない他のいかなる方法によるものをいう。以下のいかなる行為も、宣戦布告に関わりなく、一九七四年一二月一四日の国際連合総会決議 3314（XXIX）に一致して、侵略の行為とみなすものとする。
a. 一国の軍隊による他国領域への侵入または攻撃、若しくは一時的なものであってもかかる侵入または攻撃の結果として生じる軍事占領、または武力の行使による他国領域の全部若しくは一部の併合
b. 一国の軍隊による他国領域への砲爆撃または国による他国領域への武器の使用
c. 一国の軍隊による他国の港または沿岸の封鎖
d. 一国の軍隊による他国の陸軍、海軍または空軍若しくは海兵隊または航空隊への攻撃
e. 受け入れ国との合意で他国の領域内にある一国の軍隊の、当該合意に規定されている条件に反した使用、または当該合意の終了後のかかる領域における当該軍隊の駐留の延長
f. 他国の裁量の下におかれた領域を、その他国が第三国への侵略行為の準備のために使用することを許す国の行為
g. 他国に対する上記載行為に相当する重大な武力行為を実行する武装した集団、団体、不正規兵または傭兵の国による若しくは国のための派遣、またはその点に関する国の実質的関与

は、

①現行ローマ規程の改正手続との関係で疑義が残ること。
②締約国間及び締約国と非締約国間の法的関係を複雑なものとすること。
③非締約国の侵略行為による侵略犯罪を必要以上に裁判所の管轄権行使の条件から外していること。

以上である。米国は、このような国際機関による定義づけ作業に対しては基本的に拒否反応が強い。このローマ規程の作業段階においてすら、一旦は署名したのを後に撤回したくらいだから、完全に背を向けているといって良い。米国が背を向けたら国際的に通用することはない。

筆者は、このローマ規程ベースでの「侵略の定義」でも、平成二九（二〇一七）年に至っても、いや、**それ以降何年たっても、実質的な法律的・政治的効果を発揮するには至らないだろう**と考えている。

●米国の姿勢

米国は、前項（六十六ページ）で述べたローマ規程再検討会議にはオブザーバーとして参加したに過ぎないが、ハロルド・ホンジュ・コウ国務省法律顧問が次のようにコメントしている[30]。

「米国は、侵略の定義には欠陥があると考えていたが、会議ではいくつかの重要な保護措置がとられ、定義をより精緻なものとし、最も非道な犯罪が行われた事態についてのみ適用されるべきであるという理解に達することができたことを評価する。また我が国は、安全保障理事会に侵略を認定する役割があるにもかかわらず、総会の決議にはその点についての認識が十分に反映されなかったと見なしている。ただし安全保障理事会の関与なしに、もしくは安全保障理事会が同意したスクリーニングを行うことなしに、総会が決議を強行することに締約国会議が拒否したことは評価している。我が国は将来、犯罪の定義がより改善されることを望み、またそれに向けて継続的に取り組む所存である」（筆者一部意訳）

米国は、侵略戦争を防止しようという国際的な努力に背を向けているわけではない。オバマが大統領に就任して以来、自国の他国への侵略的行為やネイティブ・アメリカンに対する仕打ちを恥じて反省している。また、執拗に起こる黒人問題（白人警官の黒人射殺など）についても真剣に取り組もうとしている。

過去のメキシコ（一八四八）、スペイン（一八九八）、ハワイ（一八九八）、フィリピン（一八九九～一九一三）、キューバ（一九六一）、グレナダ（一九八三）などに対する侵略的行為に関してもオバマは極めて厳しい見方をしている。キューバとの国交回復と首都ハバナ訪問（二〇一六）、広島訪問と原爆犠牲者追悼（二〇一六）等はその表れといって良いだろう。ただし、オバマは決して謝罪の言葉を口にしなかった。それが公人としての姿勢だ。いとも簡単に謝罪をしてきた日本の歴代の首相とは違う所だ。

米国では、過去の米国の行為についての学問的研究が続々と発表されており、高い自浄能

30）“Special Briefing: U.S. Engagement With the ICC and the Outcome of the Recently Concluded Review Conference (htm)”. United States Department of State (2010年6月15日)

力を持っているということができるだろう。それだけに、苦慮する所が多く深刻であるともいえる。従って、それを他国や国際機関から指摘されたり是正を強制されたりするのを極端に嫌がる傾向がある。

なお、トランプ大統領はそうした過去の経緯及びそのマイナス遺産については、おそらく何の配慮もしないだろう。彼は、現在と将来だけを見据えてアメリカ・ファーストを貫くだろうから、米国に対して過去の経緯をあげつらっても何の益もないだろう。

第二節　通俗的な侵略の定義

■侵略についての一般的理解

●侵略の定義も概念形成もできていない

第一章において述べた通り、歴史認識（＝史実の歴史的評価）は多様かつ相対的であり、国別に全て異なるといって良い。したがって、国際関係においてはある史実が「侵略」であったかどうかについての論争は、決して一致することはない。

国連を始めとする国際社会においても、侵略の定義については、既に述べた通り、国際法上の厳密な規程どころかゆるやかな概念形成すらもできていないのが実情だ。かつて国連総会において、侵略の定義について安全保障理事会に提案することが決議されたが、当時の安全保障理事会メンバー国は全員が侵略国の定義に該当してしまうので、拒否反応が強く正式には審議にさえも至らなかった。

特にオランダのインドネシア統治や英国のインド統治などは収奪の度合いが激しかったので、被収奪国の国民の苦しみは筆舌に尽くしがたいものであった。彼らは生産物をほとんどタダで本国に持ちかえったのだ。オランダは、一時期、国家予算の三十～四十％（‼）が植民地インドネシアから収奪した利益だったほどである。

英国にしても、インドは極めて大きな収入源だった。ボンベイ（現在のムンバイ）は、かつてポルトガル王女カタリナが一六六一年にイングランド王チャールズⅡ世の元へ嫁《か》してきた時に持参した資産だった。

対照的に、日本は台湾や韓国（百九十四ページ参照）の統治にあたっては、国費を投じて産業を興したり教育を盛んにする等、数々の有益な事業を行った。日本統治時代の台湾の場合、その財政は当初、日本本国からの補助に依拠していた。

しかし第四代台湾総督の児玉源太郎と民政長官の後藤新平は、このままでは台湾のためにならないとして『財政二十箇年計画』を策定し、補助金を徐々に減額して、台湾の財政を二十年で自立させようとした。

台湾総督府は地籍整理、公債発行、統一貨幣と度量衡の制定以外に、多くの産業振興策を採り、長期的視点から教育の振興にも力を注いだ。そしてついには台湾経済の自立を実現したのである。こうした考え方で植民地経営を行った白人宗主国は、もちろん絶無である。

台湾の方々が現在でも日本統治時代を懐かしむ心情を持っている所以である。日本は、キッシンジャーが画策して一九七二年にニクソン大統領が採った米国の対中政策に追随して、台湾との国交を絶ったが愚策であった。トランプ大統領は「中国は一つ」政策に批判的であるので、何時か日台国交正常化の日が来るのではないかと筆者は期待している。

韓国併合後、日本政府は全く同じ思想で多額の予算を費やして韓国経済の自立を図ったのだが、恩知らずの韓国にはこれを感謝する動きは生じなかった。台湾と韓国の国民性の違いであろうか?

●日本の自虐的反省

本章で詳述するように日本は侵略国ではないのだが、日本は「侵略」をしたという自虐的反省が性懲りもなく続いている。それも「日本歴史学研究会」(後述)などの亡国的エセ学者達の学会が率先して日本を攻撃している。

更に日本のマスコミ、野党の政治家、前述の歴史学者、及び、いわゆる進歩的文化人たちの中には、日本は素直に侵略を認めて謝り続けるべきであるとのバカバカしい議論がはびこっている。

31) 村上春樹：2015年7月17日、韓国メディアによると、作家・村上春樹氏が「日本は過去の侵略の事実を認め、相手国が納得するまで謝罪するべきだ」と述べたことが、韓国で話題となっている。

村上春樹[31]氏は、高名な文学者ではあるが国際政治学の分野では不勉強のド素人なので、慰安婦問題について「韓国が『すっきりしたわけじゃないけれど、それだけ謝ってくれたから、もういいでしょう』というまで謝るしかないんじゃないか」などと発言した。

更に彼の近著の『騎士団長殺し』の中にも、「(南京事件で)正確に何人が殺害されたか、細部については歴史学者のあいだにも異論がありますが、とにかくおびただしい数の市民が戦闘の巻き添えになって殺されたことは、打ち消しがたい事実です。中国人死者の数を四十万人というものもいれば、十万人というものもいます。しかし四十万人と十万人の違いはいったいどこにあるのでしょう?」と、〝免色〟という人物が〝私〟に語る場面がある。有名人の彼の発言は影響力があるのだから、ぜひとも歴史の真実を勉強し直して、根拠のない自虐史観からはいい加減で脱却してもらいたい。こんなことをやっている国は、世界中で日本だけだ。

■通俗的な侵略の定義とその除外例

●「侵略」の通俗的定義の除外例

このように「侵略」の学問的・国際的な定義は定まっていないのだから、本来ならば「侵略」論争などはするべきではない。それにもかかわらず、宮澤喜一や細川護熙をはじめとする歴代の首相は「日本は侵略という悪いことをした」などと自己申告をして、各国からの補償の要求を要求を受けるようになってしまった。安倍首相の代になって、ようやく修正の気配が見えてきたところだ。

侵略という言葉は、ドイツへの補償金要求の根拠として連合国が作り出した概念であって、歴史学的にも倫理的にも何の価値もないシロモノだ。しかし、現実には侵略という言葉は人倫にもとる絶対悪の戦争犯罪を意味するものとして、独り歩きをして広く使われてしまっている。

そのような侵略の通俗的な定義の最大公約数的なものは、**「他国の領土に武力で侵攻して主権を侵し、相手国の植民地経営（＝自国の利益を目的とした不当な税金徴収や産業収奪）を行うもの」**といえる。この通俗的定義は厳密なものではないにしても、相当な正当性が含まれているといってよいだろう。そこで、筆者はこの通俗的定義がこれ以上、独り歩きをするのを防ぐという意味で、ここで「一種の歯止め」を設定しておきたい。

次に述べるいくつかの要件の一つにでも該当する場合には、侵略とは言えないと筆者は考えている。つまり、次に掲げる除外例の要件は、十分条件なのである（その除外例の要件の決め方もまた通俗的でしかないことは、認めざるを得ない）。

第一に、「他国の領土に…」のように、行為や状態の〝場所〟によって侵略か否かを判断するのは本質的ではない。無主地、または権力抗争が激しくて誰も主権を確立していない無主地に等しい地域、への進出は侵略とはいえない。

理論的には侵略行為を公海上（中国の南シナ海等における行為など）や自国内で行う場合もあるし、自衛戦争を公海上や他国の領土内で行う場合もあり得る。

当該地域に正統に成立している主権国家と合法的に協定や条約を結んで拠点を保有することは、侵略ではない。例えば国連のＰＫＯ（平和維持活動）を誰も侵略とは言わない。また、シリアのように政情が混沌とした地域において、各国が平和実現のためと称してそれぞれの思惑に基づいて進出しているケースも侵略とはいえない。沖縄に米軍が駐留しているが、これは日米両国の合意に基づいて駐留しているものだ。

もっとも武力や脅迫によって協定や条約を結んだ場合には、この限りではないということはいえる。韓国が日韓併合を日本の侵略であると主張するのであれば、先ず併合協定を結んだ自国の政府の正当性を否定し、かつ協定が武力や脅迫で行われたものであることを証明しなければならない。もちろん、そんな事実はない。

日本が満洲に拠点を得たのも侵略ではない。それまで国際法的に正当に満洲の権益を保有していたのはロシアと中国であるが、日本はその両国から承諾を得て合法的に満洲に拠点を得たものである。また、それは自衛戦争であった日露戦争の結果であったのだから、誰からも非難されるいわれはない。

第二に、行為の目的が収奪や税金徴収のための植民地支配ではない場合は侵略ではない。

日本は進出先において、経済的収奪を目的とした植民地支配をしたことはないのだから侵略もあり得ない。現地の石油などの資源を国際相場価格で買い取るのは、現地産業の振興に役立つのであるから収奪ではないし、その行為も侵略ではない。

第三に、自衛のための戦争、及び相手国の主権が十分に成立していないために統治能力が不十分で、現地に居留する自国民の生命と財産が危機に瀕している場合に、これを護る、または救出するために進出する行為は侵略ではない。

シナに対する第一次&第二次山東出兵などがこれに該当する。その場合でも、日本は現地に勢力を張る複数の軍閥（政府と自称していた）の了承を得るべく通告を行っている（但し了承はしてこなかった）。

第四に、すでに侵略を完成させて植民地としている宗主国を放逐して、被侵略国の独立を助ける行為は、解放であって侵略ではない。

日本がインドネシアからオランダを、仏印（ベトナム、ラオス、カンボジア）からフランスを、インド、ビルマ（現ミャンマー）、マレーシアその他多くのアジア地域から英国を、それぞれ放逐して被侵略国の独立を助けたのは、絶対に侵略ではない（ただし放逐された旧宗主国から見れば、日本はまぎれもない侵略者と見做さざるを得ないだろう）。

■白人先進国はすべて侵略国

●通俗的定義による侵略の例

以上の「侵略の通俗的定義」に該当し、かつ「その除外例」にも該当しない国は、厳密な学問的定義によるものではないにしても、通俗的にはすべて侵略国である。米国はネイティブ・アメリカンの土地、ハワイ王朝、メキシコ等を侵略、併合を繰り返して生まれた国である。**世界中の日本以外の先進諸国（中国を含む）は、全部が侵略国に該当すると言える。**誤解しないで欲しいが、筆者は倫理的な意味での批判をしているのではなく、国際関係の歴史における認識論を述べているのだ。

以上に述べた「通俗的な定義」は独り歩きをして通用してしまっているが、国際法や国際政治学上の正式なかつ厳密な定義としては、おそらく永久に合意されないだろう。自分たちが侵略国と定義されてしまうからである。

日本は、上述の第一～第四の除外例のどれかの除外例に必ず適合するから、断じて侵略国ではない。それなのに、今までは日本だけが「侵略国だった」などと自虐的精神でわざわざ自己申告をして謝罪をする例があまりにも多かった。良い子ぶって謝罪をしても軽蔑されるだけだし、賠償金をふんだくられるだけだ。日韓関係、日中関係が良い例である。

ただし、日本も遥か昔にまでさかのぼれば、他国同様に互いに侵略をしあってきたという経緯がある。大和朝廷は四世紀の中ごろに他の豪族を侵略して勢力を確立したものだ。秀吉は二回も韓国に侵略戦争を仕掛けた。

要するに歴史の基本に沿うと「勝ったものは侵略国ではなく、正義である」ということになる。

領土の境界線の問題は力の問題であって、道徳や倫理の問題でも、国際法の問題でもないのだ。

日本の北方領土にしても、筆者は、大方の非難と叱責を浴びるだろうが、ロシアがこれを日本に返還するわけがないと見ている。世界中の国境線は、関係国の力関係で決まっているのが現実だ。歴史、道徳、倫理、国際法、条理も全て関係ない。世界の歴史の中で国境線は力関係だけで決まってきたのだから、「けしからん」も「けしかる」もないのだ。

例えば、第二次世界大戦（一九三九〜一九四五）が勃発する直前の一九三八年に、ソ連はレニングラード（現在のサンクトペテルブルク）に大砲の弾が届く範囲は防衛上の必要性から自国領にしたいと主張して、フィンランドにカレリア地方とペッツアモ地方の割譲を迫った。

フィンランドは正当な〝理由〟がないとしてこれを拒否しようとしたが、この折にスターリンは、「大国がそれを欲していることが〝理由〟だ」と言ったという。これは、国際関係では「力」が全てであること意味する、国際政治学では非常に有名な台詞である。

翌一九三九年に第二世界大戦が勃発してドイツがポーランドに侵攻した。それから三カ月目にあたる同年一一月にソ連は突如として五十五万の大軍と二千台の戦車を動員してフィンランドに攻め込んだ。いわゆる「冬戦争」である。結局、ソ連は一九三九年に侵略国家の本性を露にしてフィンランドに侵攻し、制裁措置として国際連盟を除名された。長い人類の世界史の中で、国境はこうした力の抗争の中で定められてきたのだ。

こうした状況の中で、もし安倍首相が「日本は過去において侵略をしたので謝罪をする」などといったら、自国を不当に貶めることになり国益を損なう。侵略という言葉は、公式の定義は成立していないにしても、人倫にもとる、かつ忌むべき絶対悪であるとの価値判断を内蔵する通俗的な用語として使われてきたのだ。日本の国家と国民を侮辱までして、自己申告することではない。

●中国の侵略体質

大東亜戦争のうちのシナ関係については、満洲事変以降の日本の行動は侵略と呼ばれる場合が多いとされているが、全く間違っている。特に中華人民共和国から言われる筋合いは全くない。**長期的には、蔣介石の国民党の安定的な統治下にあったわけでもない満洲を、日本がロシアから取りあげて中国に渡してやったことになる**のである。これを日本の中国に対する侵略と言うのは当たらない。前述（三十五ページ）の通り、歴史においては、日本の主観的意図よりは客観的結果がものを言うのだ。

明治維新後の日本の行為の本質は、朝鮮半島に支配力を行使する清国と、南下して勢力を伸ばしつつあったロシアの動きを阻止する対抗措置を取ったものだ。その意味で日清戦争と日露戦争は明らかな自衛戦争である。

それに前述の通り、毛沢東〜華国鋒〜鄧小平〜江沢民〜胡錦濤〜習近平と続く中華人民共和国が成立したのも、日本が蔣介石の国民党軍と戦ったおかげだったのだから、現在の中国から感謝されこそすれ、侵略と批判されるいわれは全くない。この点については後ほど（二百三十四ページ）考察する。

中国が二十世紀中に実際に行った侵略行為には、東トルキスタン共和国への侵攻・併合

（一九四六）、チベット国への侵攻・併合（一九五一）、インド・カシミール地方への侵攻（一九六二）、ダマンスキー島事件・中ソ軍事衝突（一九六九）、尖閣諸島の領有権を突如主張（一九七一）、ベトナム領パラセル諸島（西沙）への侵攻・占領（一九七四）、ベトナムに侵攻したが敗退（一九七九）、スプラトリー諸島（南沙）の領有を宣言（一九九二）などがある。

今世紀に入ってからも東シナ海と南シナ海における侵略的行為は止まらない。東シナ海では中国海警局の公船が、沖縄県・尖閣諸島周辺の領海に連日のように侵入し、周辺海域には約三百隻もの中国漁船がわが物顔で航行している。日本政府は厳しく抗議したが、中国政府は「中国領の尖閣諸島近海を中国船が航行して何が悪い」と開き直っている。

南シナ海では中国は領有を主張する海域を「九段線[32]」と呼ぶ線で囲み、その内側を歴史的に中国の領海であると主張している。フィリピンがハーグの常設仲裁裁判所に提訴し、同裁判所は「中国に南シナ海を支配する歴史的権利なし」と判断したが、中国は判決は紙屑に過ぎないとうそぶいている。その中国が日本を侵略国と批判し、それを支持する日本人も多いのだからこの世の中は狂っている。

第三節　国際社会の正体

32）九段線：南シナ海の領有権問題に関して中国が 1953 年からその全域にわたる権利を主張するために地図上に引いている破線のこと。断続する九つの線の連なりにより示される。かつて 1947 年に中国が同様の目的で、地図上に引いた十一本の線（十一段線）から二線を除去したものである。その形から「中国の赤い舌」とも呼ばれている。

■日本人のコミュニケーション原理　～謝罪の美意識

●「謝罪」は和と調和を重んじる日本的組織原理

日本社会においては、謝罪は必ずしも罪を認めることを意味しない。たとえ主要な落ち度は相手の方にあると考える場合でも、先に謝罪をするのが大人の態度であり、それが相手の反省を引き出す働きがあると考える。そうすることに日本人は美意識を持つのである。現実に、そうした傾向は日本社会ではトラブルを穏便かつ平和裡に収める機能を発揮してきた。

しかし、これまでに述べてきたように、国際社会では「よほど悪いことをしたのだろう」と思われるだけなのだ。ありもしない慰安婦問題についても、日本の歴代の首相は謝罪を重ねたが、その後、韓国がどのように反応してきたかを見れば、謝罪はマイナス効果しか生まないことが良くわかる。

韓国では、後述の通り朴槿惠前大統領が違憲の疑いがある弾劾裁判で罷免された。その後に最も反日的傾向が強い文在寅が大統領に選出された。日本領事館前の慰安婦像も直ぐには撤去されることはないだろう。慰安婦問題についての日韓合意も反故にされるだろう。全て、日本の謝罪好きに原因の一端があることにも思いを致すべきだ（おっと、筆者のこんな思考形態も謝罪と反省好きの日本人的傾向の現れかもしれない）。

33）浜口恵俊（1931 ～ 2008）：社会学者。国際日本文化研究センター名誉教授、滋賀県立大学名誉教授。

●浜口恵俊の間人《かんじん》主義

社会学者の浜口恵俊《えしゅん》[33]氏は、「日本人は近代的自我をもたない集団主義者と見做す見解があって、それが日本異質論の基となっているが、それは誤りである」と主張した。そして、「**日本型組織の特徴は、むしろ成員相互の密接な連関性にある**のであって、その構成原理は、「協同団体主義」とでも表現されるべきものであろう。また、それの基盤となるのは**『間人《かんじん》主義』という関係性重視の価値観**である[34]」と指摘し、かつ「自分自身の意思決定だけに基づいて行動するのではなく、相互の機能的連関に十分配慮した上で行動する主体のことである[35]」と述べている。そして、そのような行動原理を「方法論的関係体主義」と名付けた。

●土居健郎の『「甘え」の構造』

また臨床心理分析の専門家である土居健郎《たけお》[36]氏は、東大医学部を卒業後、米国に滞在中に受けたカルチャーショックから欧米人と日本人の発想の違いに関心を持つようになった。そして、欧米流の精神分析理論では捉えることのできない日本人特有の心性を分析して、『「甘え」の構造』（弘文堂 一九七一年）を著わした。

土居はその中で、**日本の社会構造は甘えの文化の上に成り立っており**、その甘えとは「幼児が母親に依存する心性を原型とする」とした。それは「自分は多くを語らずとも相手が

34）浜口恵俊『日本型信頼社会の復権』東洋経済新報社　196 ページ iii
35）同ページ　v
36）土居健郎（1920 ～ 2009）：精神科医、精神分析家。東京大学名誉教授、聖路加国際病院診療顧問。

無条件で言わず語らずのうちに、自分の心情を察し、受け入れ、かつ擁護してくれることを求める心性」である。これは他人と己の未分一体化を求める心性で、「この心性が日本社会においては支配的な作用を及ぼしている」と分析している。

つまり謝罪をすれば、相手はそこに至った諸々の事情を進んで察してくれて、悪いようにはしないでくれることを期待する心性である。日本人の謝罪好き傾向の精神医学的背景といえるだろう。なお、同書の英文版には、『ジャパン・アズ・ナンバーワン』を著わしたエズラ・ヴォーゲルハーバード大学教授が「おそらく、西欧の精神医学の思考にインパクトを与えた、精神医学のトレーニングを受けた日本人による最初の本であろう」という書評を書いている。しかし土居の主張は、そうしたトレーニングを受けていない普通一般の日本人の誰にでも共感できる普遍的な日本的心情に基づくものだ。精神医学のトレーニング云々は関係ない。

そうした**浜口恵俊の「方法論的関係体主義」や土居健郎の「甘えの構造」を持つ日本人のコミュニケーション原理は、組織においても国際関係においても和と調和を重んじる組織原理として出現する。それは現実に長い日本人の歴史の中で有効に働いてきた**のである。

ところが、それは国際社会の中では絶対に通じることはない。謝罪は文字通り罪を認めることであり、その責任を補償という形で取ることを意味する。相手には互いの関係性を重視したり、こちらの事情を進んで慮《おもんぱか》ってくれるなどという姿勢は全くない。

日本人のそのような行動原理は、ある意味では美しいものであって日本が世界に誇ってよいものである。しかし弱肉強食を原理とする国際社会においては全く通じないから、国益を害することになる。それを知ることが国際性を身につけることに通じる。日本の官庁の中で国際性を専門に担当しているはずの外務省が、最も国際性を欠いているのは重大問題だ。

■謝罪は国際社会ではマイナス効果だけ

●歴代の首相の謝罪

宮澤喜一元首相や細川護熙元首相は、記者団の質問に答えて、日本が自ら侵略をしたことを認めて謝罪をした。ご本人は美意識を満足させて甘美な気持ちになれるのかもしれないが、国益を決定的に損ねる。「ただし他の国はもっとひどいことをやってきた」と指摘でもしようものなら、「日本は反省が足りない」と事態は益々悪くなる。結局、日本だけに侵略国家という悪名のレッテルが貼られることになる。

これはそもそもマスコミの問題なのだが、首相が質問に対してどう返事をしようと、記者たちは自分たちの主張に都合の良いような（日本を貶めるような）記事を作るだけだ。彼らはそれを職業意識と勘違いしているのだ。それにしても、何とか失言を引き出そうとするマスコミの心の卑しさは彼らが死んでも治らないだろう。

日本が愚かにも何回も謝罪してきた慰安婦問題は、人類の歴史始まって以来の、世界各国が関わってきた〝戦争と性〟という共通の問題のはずだ。それにもかかわらず、朝日新聞は自らの吉田事件の誤報問題の責任を逃れんとして、いわゆる広い意味での〝強制性〟、つまり慰安婦本人の意思に反して何らかの強制的環境の中で売春に従事させられた事実は現在でも消えていない、などと問題をすり替えて主張している。卑怯極まりない。

朴槿恵前大統領の弾劾裁判騒ぎの最中に、釜山の日本領事館の前に慰安婦像が設置された。これは日韓合意の反すると、珍しく日本政府が憤激して日本大使と領事の一時帰国召還を行い、日韓関係は国交関係断絶の一歩前までに悪化した。もとを辿れば朝日新聞にも重大な責任があるのだが、どうせ朝日新聞は自覚してもいないだろう。

このように日本人の潔い謝罪の傾向については、日本人はむしろ誇りを持っていた。したがって、そうした傾向を徹底的に利用したＷＧＩＰは極めて有効かつ持続的に働いた。米国は、その後も地球上の各所で同様なマインド・コントロール策を試みたが、日本の場合のように目覚ましい効果を挙げることは全くなかった。

それらの国においては、**活用できそうな民族的傾向を発見することができなかった**からである。また米国は、民族的文化を否定したり、米国流民主主義を強要したりするなどして、**米国の価値観を一方的に押し付ける**場合が多かったので、かえって反発を買ってしまうきらいがあったのである。トランプ大統領は、そうした価値観、理念、理想の概念を一切無視した、米国としては型破りの政治家なので今後の外交方針が注目される。

日本にあっては、講和条約が発効してもWGIPの効果は自律的に拡大再生産されて持続した。その担い手は、朝日新聞、毎日新聞、東京新聞、日本経済新聞、共同通信社、NHKをはじめとするマスコミ、東京裁判史観を支持する日本歴史学研究会などの歴史学界、日教組や文科省の亡国的教育政策担当者、人権主義を唱えるNGO／NPO、などであった。

彼らは国内で活発な運動を展開するだけでなく、積極的に中国、韓国、米国の地方自治体、はては国連にまで出かけて行って日本を貶める活動を行っている。彼らにとって日本は〝悪〟なのだから、その悪を懲らしめることは立派なことなのだ。

●重大な為政者の謝罪

前項で指摘した日本の謝罪外交は、宮澤喜一首相に始まり、細川護熙首相以下、連綿と歴代の首相に受け継がれた。現在、安倍首相がこれを初めて断ち切ろうとしている。

しかし、自民党の元老達、すなわち反安倍の急先鋒である古賀誠をはじめ、野中広務、加藤紘一、山崎拓等の旧幹事長カルテットや、青木幹雄元官房長官、福田康夫、小泉純一郎、森喜朗ら元首相などに足を引っ張られて、なかなかうまくゆかなかった。これらの反安倍勢力を糾合して次期の首相の座を狙っているのが石破茂前地方創生相と岸田文雄外相だ。まさに政界は一寸先は闇だ。

細川護熙氏は、熊本藩主だった肥後細川家の第十八代当主だが、朝日新聞記者を経由して政界入りを果たした。平成五（一九九三）年に首相に就任したが、その最初の記者会見で、問題発言を引き出そうとした記者の卑劣な質問に引っかかって「私自身は、（大東亜戦争は）侵略戦争で、間違った戦争であったと認識しています」と言ってのけた。これが日本の新首相の言葉として世界中に報道された。

早速、その翌月に来日したメージャー英首相は、「それならば捕虜になった英国人に対して日本政府は補償をして欲しい」と申し入れてきた。驚いたことに細川首相は「何とかしましょう」と答えてしまったのである。それならば、とばかりに続いて中国、韓国を筆頭にしてオランダ、米国の地方議会、オーストラリア等からも一斉に補償の要求が殺到した。

それだけではない。平成一九（二〇〇七）年には、オランダ議会下院は、慰安婦問題についての謝罪要求決議を行い、日本政府に対して再度の謝罪と補償を求めてきた。その翌年に訪日したマキシム・フェルハーヘン外相は「法的には解決済みだが、被害者感情は強く、六十年以上たった今でも戦争の傷は生々しい。オランダ議会と政府は日本当局に追加的な補償を要求する」と述べた。平穏と友好を第一とするお人よしの日本は、その都度、相応の見舞金を支払った。もちろん税金からである。国際社会からバカにされる所以である。

筆者はこれらの国々を批判しているのではない。細川首相などの〝為政者の謝罪〟は、必ずこういう結果を生むことを指摘したいのである。メージャー英首相にしても、若し「英国も過去においては世界中で植民地経営による収奪を行ったのだから、補償請求などできた義理ではない」などと言っていたら、首相ではいられないのだ。国際関係においては、どの国もこのくらいの鉄面皮で外交を行うものだ。

中でも、懲りない村山富市元首相は、韓国大統領へわざわざ謝罪の書簡を送って土下座外交を完成させた。韓国の日本たかりはそれから盛んになった。何時まででも、謝罪と補償を繰り返す日本のお国柄をみれば、中国・韓国でなくても、何か日本に謝罪を要求して補償金をせしめる道はないものかと考えてもおかしくはない。

繰り返すが、筆者は当時の米国、英国、及びオランダを非難しているのではない。国益を追求するということは、こういうことであり、日本が如何にナイーブでお人よしであったかを述べているものだ。〝お人よし国家〟は国益を損ない、かつ国際的にはバカにされるだけなのだ。日本では「負け犬は叩かない」のが勝者の矜持なのだが、国際社会では「負け犬は、よってたかって叩く」のが常識だ。

■国際関係は各国の国益のぶつかり合い

●日本の立場からの史観を主張せよ

国際関係というものは各国の利己的な国益がぶつかり合うものである。ヘンリー・S・ストークス氏は次のように述べて[37]、客観的かつバランス感覚に富んだ視点を提供している。

すなわち「英国人からすると『(日本は) 英国がアジアに保持していた植民地を〝侵略〟し

37) ヘンリー・S・ストークス『英国人記者が見た～連合国戦勝史観の虚妄』祥伝社新書　2013 年

てきた。（中略）しかし、日本側には日本の主張があってしかるべきだ。たとえば、『日本はアジアを侵略していない。欧米の植民地となっていたアジアを独立させたのだ』という主張も、立派な史観だ。（中略）日本の立場を日本が主張しなければ、敵国だった英国や米国が、そのような主張をすることはない」と述べている。

さらストークス氏は英国の立場から「インドを例にとれば、東インド会社の設立から始まって、何百年も植民地支配をしてきた領土を、日本が一瞬にして奪ってしまった。まぎれもなく（日本は）侵略者だ」ということになると指摘する。

このように国際関係と言うものは、常に相対的なものであって、それぞれの国益がぶつかり合う戦場のようなものだ。正義はそれを主張する国と同じ数だけあり、道徳観も倫理観も時代と共に移り変わる。絶対的正義も絶対的不正義もない。

日本はその中でこれまであまりにもナイーブ過ぎた。日本人は、日本の立場からの史観を国際社会でもっと堂々と主張すべきなのだ。**「日本は侵略国であった」などと自己申告をして謝罪して見せても、国際社会では軽蔑されるだけである。**

●オランダ・インドネシア・日本

これまでオランダ・インドネシア・日本の関係については、都度、断片的に述べてきたが、国際社会の正体についての好例なのでここに纏めておこう。

38）四条たか子著、井沢元彦監修『世界が愛した日本』竹書房　2008 年　135 ページオランダは蘭印（現在のインドネシア）を三百五十年もの長きにわたって植民地として支配を行って、大々的な富の収奪を行ってきた。ある時点では、現地での人口比がたったの〇・五％にすぎないオランダ人が蘭印の全生産額の六十五％を収奪し、その額は当時のオランダの国家予算の三十〜四十％を占めていた[38]ほどだ。〝侵略〟というのはこういう植民地化をいうのだ。日本は侵略などはしたこともないし、するつもりもなかった。

植民地支配の間、オランダはインドネシア人の教育にはほとんど興味を示さなかったので、就学率はわずか三％ほどだった。対照的に五十年間日本領であった台湾においては、総督府が教育に力を入れた結果、就学率は九十二％にも達していた。オランダの植民地経営は、教育に熱心で現地の興隆を最優先にした日本の台湾統治とは根本的に異なっていたのである[39]。

オランダは、そのようにしてインドネシアにおいて長期的な安定と繁栄を保ってきた。ところが（オランダから見て）理不尽にも突如、日本が攻め込んで来てオランダを追い出してしまったのだ。オランダの視点から見れば日本こそが侵略者であった。しかし、オランダは長年の植民地支配に対する補償金などを支払ったことはない。日本を責めることはしても、自分は絶対に謝罪も賠償もしない。

大戦の敗戦で日本軍が帰国すると、オランダはインドネシアに補償金を支払うどころか、旧植民地を奪回するために軍隊を送り込んできた。オランダはこれを国内の警察行動と称した。正義感にあふれた日本の将兵約一千〜二千名は、これを目の当たりにして故国に帰るのをあき

39）台湾の就学率：蔡焜燦『台湾人と日本精神』小学館　2001年　70ページ

らめた。そしてインドネシア防衛軍（PETA）に加わって自らも戦い、かつインドネシア兵を指揮・指導した。うち半数以上がインドネシア独立のために戦って戦死したのだ。四年半に及ぶ戦争の後、外交交渉により停戦の話が出ると、オランダは停戦の条件として多額の補償金を要求した。インドネシアとしては補償金などを支払う義理はさらさらなかったが、戦争を早期に集結するために四十三億ギルダー（十一億三千万ドル相当）の支払いに応じた。原資の一部は日本から得た補償金だった。

こうした経緯からインドネシアは、独立を助けてくれた日本に極めて強い感謝の念と親近感を持った。インドネシアが独立宣言に書き込んだ年号も、日本に感謝する独立記念碑に書き込んだ年号も、共に西暦ではなくて〝皇紀二六〇五年〟だった。シニアの方たちは覚えておられるだろうが、かつて我々が、〝起源は二千六百年〟と歌ったあの皇紀なのだ。

独立戦争の当時、駐在武官だった前田精《ただし》海軍少将は、独立養成塾を設立して前途有為なインドネシア青年に愛国主義教育と軍事訓練を施して、インドネシア独立戦争に貢献した。インドネシア政府はこれを称えて一九七六年に彼に建国功労章を授与したほどだ。

オランダは日本に対しては、サンフランシスコ講和条約締結の折に、他の条約締結国と共に日本に対する賠償請求権を放棄[40]した。しかし、それにもかかわらず一九五六年に「オランダとの私的請求権解決に関する議定書」を決定して賠償を請求してきて、日本は三十六億円もの補償を行った。何の法的根拠もない請求であったにもかかわらず、日本は

40）賠償請求権の放棄：フィリピンとベトナム以外の条約締結国は、条約十四条（a）一に基づいて日本に対する賠償請求権を放棄した。日本はフィリピンに対し五億五千万ドル、ベトナムに対して三千九百万ドルの賠償を行った。

謝罪の意を表すためにこれを支払ったのだ。もちろん税金からだ。鳩山一郎首相の時代だ。

一九七一年に昭和天皇陛下のオランダ訪問の際には、生卵を投げつけられたり、「ヒロヒトは犯罪者だ」という落書きが書かれたりする嫌がらせもあった。

更に、平成三（一九九一）年に来日したベアトリクス前女王は、賠償問題が法的には国家間において解決されているにもかかわらず、なんと**宮中晩餐会において**「日本のオランダ人捕虜問題は、お国ではあまり知られていない歴史の一章です」とスピーチをして暗に補償を要求した。何たる非礼、何たる日本への蔑視の姿勢であろうか。それに対して海部俊樹首相の日本国政府は怒るどころか、またまた友好の証としてアジア女性基金から総額二億五千五百万円の医療福祉支援を実施した。情けない‼

平成二〇（二〇〇八）年八月には、オランダ駐日大使のフィリップ・ヘルは、参議院会館で開催された日本政府に慰安婦への謝罪を求める集会に参加して、「強制があったかどうかということなど問題ではない」と主張し、六十三年前の出来事に対して日本政府に謝罪を要求した。異例にも駐日大使が、である。何たる外交的非礼であろう。

こうした経緯から、インドネシアが行った高速列車（ジャカルタ・バンドン間の約百四十キロ）の国際入札に於いては、日本は成約間違いなしと考えられていた。ところが、二〇一六年、親中派のジョコ・ウィドドが大統領になるや入札が突如、停止になった。そして、成約直前にまで至っていた日本は破れて、インドネシアは中国と成約した。

これは筆者には驚きであった。しかし、その後の報道によると中国の高速鉄道の輸出計画は、中国側の契約不履行や不完全履行によって世界各国で次々と挫折している由だ。例えば米国ラスベガスとロサンゼルス間の高速鉄道の計画は、エクスプレスウエスト社と中国鉄道総公司の両者が合弁事業として推進する予定であったのだが、二〇一六年六月八日には事業を解消することになった[41]。エクスプレスウエスト社は合弁解消の理由として、中国側の計画の遅れを挙げている。

更に二〇一七年三月に五日の産経新聞の報道によると、前述のインドネシアにおける建設工事も御多分に漏れず遅れており、不信感が広がっているとのことだ。そこでジョコ大統領は中国依存を見直して、ジャカルタとスラバヤ間の約七百五十キロについては日本に協力を要請することとした由。安倍首相も同年一月のインドネシア訪問の折に協力を約したとのことである。

米国民も、今や中国の車両故障率の高さを問題にして危惧の念を訴えている。二〇一五年に中国で発生した列車事故は二百十件余に達しているそうだが、これは前年比で十六%もの増加である。車両の故障による事故に至っては四十五%も増加しているとのことだ。

41）米中合弁による高速鉄道事業の解消の例：
（http://www.mag2.com/p/news/210774）（https://news.nifty.com/article/world/worldall/gna-3571/）
（http://news.livedoor.com/article/detail/11732464/）

第三章　大東亜戦争の歴史認識

第一節　日米関係

■日米関係の歴史と未来

●弾劾に値するルーズベルトの国家反逆罪

本節においては、日米戦争は日本がルーズベルトの謀略によって無理やりに引きずり込まれたことを明らかにする。歴史に「タラ、レバ」はないことはわかっている。それでも敢えて言うのだが、このルーズベルトの卑怯な策謀さえなければ、東京大空襲も、広島・長崎の原爆投下も、日米合計三百五十万人以上の尊い人命も失われることはなかったに違いない。

フランクリン・D・ルーズベルトは、アメリカ政治史上で唯一四選された大統領であり、現在でも大変尊敬されている。いろいろと画策が多かったことは良く知られているが、どうせ国際社会は力と権謀術策の世界なのだからルーズベルトも彼なりの国益に沿う努力をしたに過ぎない、という見方がこれまでは一般的だった。

フランクリン・ルーズベルト

しかし、その後の多くの研究により彼は例外中の例外であったことが明らかになりつつある。彼はスターリン（自国人を含めて約四千万人を殺した）、ヒトラー（約一千百万人を殺した）、及びカンボジアのポル・ポト（約三百万人を殺した）に並ぶ、歴史に名を連ねる極悪人の一人であった。しかも、これを彼は米国民を裏切る形で実行したのだ。

ただし何度でも言うが、本書で真相を究明するのは現在の米国を批判するためではない。日本人が自虐史観から脱却して民族の誇りを取り戻すためである。百の国があれば、百通りの正義と歴史認識がある。それぞれの国益が競合する限り、正義と歴史認識が合致することは決してない。日本人は誇りを持って日本独自の歴史認識を主張すれば良い。

率直に言って日本は米国と比較すると、経済力でも、軍事力でも、外交能力でも、その他全ての点でまだまだ力不足である。いまだに国内の執拗な自虐的勢力の悪影響を払拭できず、憲法改正もできないでいるのだから、安全保障、教育、科学技術開発などの多くの分野において存在する非対称的な関係は甘んじて受け入れざるを得ない。

米国は、中国や北朝鮮の脅威に屈しない軍事力と経済力を所持している。日本は、米国と歴史認識問題で争うのではなく、強固な同盟を維持して世界平和への貢献をするべきだ。それこそが日本の活きる道であると筆者は考えている。米国は十分な自浄能力を持っていると期待してよい。

若し米国との同盟が嫌なら、今すぐ防衛予算を何倍にも拡充して自衛隊を強化し、かつ独自に核武装を行って戦略兵器の開発を推進して抑止力を万全なものにしなければならない。その上で沖縄をはじめとする国内の米軍基地は全て廃止して、全て自力で安全保障を確実に維持する体制を作り上げるしかない。それを実行する現実的可能性も覚悟もないのに、目先の米国との非対称な関係のみを批判するのは無責任以外の何物でもない。

●歴史的経緯

日米戦争に至る経緯については、新しい史実が続々と発掘されている。本書に言及する種々の史実も米国の発表によるものが多い。「はじめに」でも触れたが、米国のフェアなところは、**たとえ自国に不利な資料でも「連邦情報公開法（ＦＯＬＡ＝The Freedom of Information Act 1966）」や各州の情報公開制度の定める所に従って順次公開していること**だ。ただし、通常の機密情報は三十年後に公開されるのだが、真珠湾攻撃にまつわるルーズベルトの卑怯な謀略に関する書類は、さすがに最高の機密扱いとされた。

「はじめに」において簡単に触れたが、米国は、真珠湾開戦、東京大空襲、原爆投下、東京裁判、等々を正当化するためには何としても日本を悪者のままにしておく必要があったので大弱りに弱った。そして結局、機密指定期間を例外的に六十五年にしたのである。六十五年も経てば、さすがに昔の話で大きな問題にはならないと踏んだものだ。しかし、日本人が誇りを取り戻して自虐史観から脱却するためには、学校の授業では決して教えてもらえない、こうした日米戦争開戦の真相をしっかりと知るべきである。米国に対して日本は何も悪いことはしていないのだ。

しかし、その間にもハーバート・フーバー元大統領やハミルトン・フィッシュ元共和党党首、歴史家のチャールズ・A・ビーアド、その他の多くの研究者の著作や研究によって、全体像は徐々に明らかにされていった。拙著『ルーズベルトは米国民を裏切り日本を戦争に引きずり込んだ』(ハート出版　二〇一七)においてもこの辺の事情を詳述したので、是非、ご参照願いたい。

前述(五十二ページ)の通り、安倍首相は、平成二七(二〇一五)年四月の訪米時の米上下両院議員総会における演説にも見られるように、十分に抑制が効いた言動を保って日米同盟の強化に最重点を置いていることを明らかにした。責任ある一国の宰相として現実的な姿勢を表明した。

政治家は、国民の生命と財産を護り国家の安全保障に責任を持っているのだから、学者や評論家とは全く異なる立場にある。ここは高度な戦略的発想に基づくしたたかな政治力が必要なところだ。いたずらに正義感に駆られて重要な同盟国を攻撃するがごときは、自国の安全保障問題を危機に瀕せしめる結果になるかもしれない。繰り返すが、日本は正直で向こうっ気の強い政治家よりも、〝**思慮深くて、したたかな政治家**〟を必要としているのだ。

●日露戦争と米国のシナ進出意欲

日米間の戦争は、本節で述べるように日本の真珠湾攻撃で始まったものではない。確執の経緯はペリー来航にまで遡らないと正確を期せないのだが、とりあえずは十九世紀末から二十世紀初頭の時点から考察を始めよう。

その頃までに米国は西部侵略をほぼ終了して、独立したばかりの近隣の中南米諸国への介入と侵略を盛んに行っていた。一八四五年にはメキシコから独立したテキサスをリメンバーアラモの砦作戦で奪取し、その後もメキシコと戦争をしてニューメキシコ、アリゾナ、カリフォルニアなど南部、西部の広大な領土を奪取した。

一八九八年の米西戦争では、米海軍のデューイ提督がフィリピンの独立派エミリオ・アギナルド・イ・ファミイ（後に初代の比大統領になった）に対して、米国に協力して戦えば独立させると約束をしたのに、米国は約束を破ってフィリピンを領有化した。怒ったフィリピン人は今度は米国を相手に独立戦争を始めたが、米軍の近代兵器に対してアギナルド軍には勝機はなかった。米国は抵抗するフィリピン人に対して残虐の限りを尽くして、約二十万人（上院公聴会における証言）を虐殺した。ドゥテルテが大統領に就任してすぐに「米国と決別する」などと述べて反米感情をあらわにしたのも故なきことではないのだ。

なお、米国の初代フィリピン軍政長官に就任したのがアーサー・マッカーサー陸軍少将で、その副官が息子のダグラス・マッカーサーだった。

こうした事情のために、米国はシナ大陸については欧州勢に決定的に遅れを取っていたので、何とか挽回をしようとあせっていたのである。

一八九九年、米国のジョン・ヘイ国務大臣はシナ大陸における市場の門戸開放、機会均等を欧州諸国に呼びかけた。しかし一顧だにされなかった。欧州の列強は、遅れてやってきた国が今頃になって何を言うか、という姿勢であった。

その頃、日本は日露戦争（一九〇四〜一九〇五）を戦っていた。日露戦争といってもロシアが戦場だったわけではない。**朝鮮半島、ロシアの影響下にあったシナ大陸の満洲地方南部、及び日本海を主戦場とした戦争である。これは日本が共産勢力の南下を食い止めようとした自衛戦争だった。**

日露戦争の直接のきっかけは、ロシアの**「西ローゼン協定」違反**だ。この協定は明治三一（一八九八）年、第三次伊藤博文内閣の時の四月二五日に、西徳二郎外務大臣とロマン・ロマノヴィッチ・ローゼン駐日ロシア公使の間で交わされた。内容は、ロシアは日本による韓国への投資を妨害せずに、韓国が日本の保護国として勢力範囲にあると認めること、その代わりに日本は満洲におけるロシアの勢力を認めること、である。**いわば満鮮相互防波堤協定**であった。

ところが明治三六（一九〇三）年に至り、突如ロシアは協定に背いて越境して、朝鮮北部の龍岩浦に砲台を築き始めた。これはロシアが不凍港の確保を狙って、防波堤を越えて朝鮮半島を領有しようとする第一歩であった。また、日本の安全保障を脅かす協定違反の侵略行為であり、日本の反応を打診するための挑戦だった。しかし当時の韓国は国力が疲弊していたために自国領土を侵略さ

金子堅太郎

れても抵抗することができなかった。

日本はこれに如何に対抗するかを検討したが、**戦費の調達が極度に困難**な状態にあった。そんな中で戦費調達の仕事を命じられたのは**高橋是清と金子堅太郎**である。高橋と金子は米国の金融界から戦費を調達することにしたが、それは極度に困難な任務だった。何故ならば、当時は日本とロシアの国力と軍事力の差は大きく、圧倒的にロシア有利と思われていたからである。開戦と同時に日本国の国債は暴落して、紙屑同然のジャンク債となることが予想されていた。

そこに**ジェイコブ（またはヤコブ）・ヘンリー・シフ**（Jacob Henry Schiff、一八四七～一九二〇）というユダヤ人の米銀行家が現れて、米国中のユダヤ資本を糾合して日本の戦時国債を購入してくれたのである。以後、シフの応援により日本は三回にわたって約七千二百万ポンドの戦費調達に成功した。これは**当時の日本の国家予算の五年分に相当する巨額**であった。

後に明治天皇はこれを謝してシフに勲一等旭日大綬章を贈った。シフの支援なしには、日本はロシアの属国になっていたはずだ。**こうした歴史的経緯について日本民族はユダヤ民族に対する感謝の念を忘れてはなるまい**。後日、シフが語ったところによれば、ロシアの反ユダヤ主義に対する報復の意味があったと言う。シフは「ロシア帝国に対して立ち上った日本は神の杖であった」と回想録に記している[42]。

日露戦争は世界のどの国もロシアの勝利に終わるものと見ていたが、意外にも日本軍は旅順・奉天で勝利をおさめ、日本海海戦でもバルティック艦隊を殲滅してしまった。当時のロシアは、既に財政破綻をきたしており、この惨敗に動揺したロシアの国民が反政府運動を始め、おまけにのちのロシア革命の予兆も出現していた。更に日英同盟による英国のひそかな協力もあった。

実は開戦前に日本は短期決戦方針のもとに、**時の枢密院議長だった伊藤博文は、金子堅太郎に密命して第二十六代セオドア・ルーズベルト大統領（一八五八〜一九一九）と密かに交渉せしめて、戦争が長引いて日本が不利になる前の適当な時期に講和の調停に乗り出してくれるよう密かに依頼していた。**米国としてもロシアの勢力拡大は何としても阻止したかったし、米国のユダヤ系金融資本が大きな損失を蒙ることは防ぎたかったので、セオドア・ルーズベルトはこれを了承した。米ユダヤ金融資本の応援もあったことだろう。この密命は伊藤博文の生涯最大の功績といえるだろう（大東亜戦争の日米開戦の折にも、この種の外交インテリジェンスの実行はできなかったものだろうか）。

ジェイコブ・ヘンリー・シフ

42）シフ回想録：ラビ・M・トケイヤー『ユダヤ製国家 日本』徳間書店 2006 年

金子堅太郎は、ハーバード大学ロースクール時代にセオドア・ルーズベルトの後輩であったので知己《ちき》を得ていたのである。なお、セオドア・ルーズベルトは、後に日米開戦を決断したフランクリン・D・ルーズベルト第三十二代大統領とは遠縁の親戚で、十二親等で広義の従兄にあたる。

開戦後、日本が日本海海戦や旅順攻撃で勝利したタイミングを見て、セオドア・ルーズベルト大統領は約束通り和平交渉の仲介に乗り出した。折からロシアでは革命前史ともいわれている血の日曜日事件（一九〇五）が発生しかかっていたという絶妙な時期でもあった。なお、セオドア・ルーズベルトは、この日露間の和平交渉を仲介したことによって一九〇六年度のノーベル平和賞を受賞した。

もし国内問題が発生せずにロシアが長期戦に持ちこんでいたら、国力がほとんど切れかかっていた日本は敗れ去っていたであろう。ロシアが早期講和に応じることになった決定的要因は、第一に国内的にはロシア革命前史[43]ともいうべき大混乱が始まっていたこと、及び第二に、セオドア・ルーズベルトが調停に乗り出したことによりロシアは「米国が日本についた」と判断したことだろう。

日本は、勝利したにもかかわらず、ロシアからは南樺太の権益と満鉄の譲渡以外はほとんど何の賠償も取得することはできなかった。欧州列強の反対と、セオドア・ルーズベルトの仲介姿勢によるものである。セオドア・ルーズベルトは和平交渉の中で日

43）ロシア革命前史：1861 年の農奴解放以後も農民の生活はなかなか向上せず、封建的な社会体制に対する不満が社会に満ちており、社会主義勢力の影響が浸透しつつあった。1881 年には皇帝アレクサンドルⅡ世が暗殺され、テロも頻繁に発生し、ストライキも急速に増加していた。日露戦争の最中の 1905 年 1 月には首都サンクトペテルブルクで生活の困窮をツァーリに訴える労働者の請願デモに対し軍隊が発砲し多数の死者を出した（＝血の日曜日事件）。この事件を機に労働者や兵士の間で革命運動が活発化し、全国各地の都市でソヴィエト（労兵評議会）が結成された。

本が南満洲鉄道の権益を清国から引き継ぐことになったことを知り、これを米国のシナ大陸進出のきっかけにできないかと考えた。

セオドア・ルーズベルトは、米国に帰国後直ちに鉄道王エドワード・ハリマンを日本に派遣して、南満洲鉄道の共同経営案を申し入れてきた。なお、ハリマンは日露戦争直前に前述のシフと共に多額の日本の戦時公債を引き受けてくれたユダヤ資本グループの一員であった。日本としては**セオドア・ルーズベルトとハリマンには恩義があった**のだが、残念ながら結局、日本は以下に述べる事情によりこの恩義を返すには至らなかった。

ハリマンは、桂太郎首相と交渉を行って、仮契約の覚書作成にまでこぎつけたので、意気揚々として帰国の途に就いた。しかし、そこへ小村寿太郎外相が日露講和会議から戻ってきた。そして「名目は日米合弁でも資金は米国、技師も米国人では、実質的には米国に権限を与えてしまうようなものではないか」と、猛反発をした。そして桂首相とひざ詰め談判を行い、続いて三日間、山縣、伊藤をはじめ、ハリマン協定に賛成した面々を順々に説得して回った。

エドワード・ヘンリー・ハリマン

小村寿太郎の主張は、①十万同胞の流血と二十億円の財幣とを犠牲にしてあがない得た南満洲鉄道を米国に移譲することは、満洲を外国商業の自由競争の修羅場としてしま

小村寿太郎

うことにつながるので、到底国民の忍ぶ能《あた》わざるところである。②日本に対する満鉄の譲渡は清国の同意によって初めて可能であったものだが、日本政府は清国と交渉もしないでハリマンとかかる契約を締結するのは法的根拠を有しない、というものであった。

小村は、もしどうしても内閣が鉄道をハリマンに譲渡するというのであれば、自分は野に下って所信を広く国民に披露すると、ほとんど恫喝と取られてもおかしくないことまで言った。かくして覚書は破棄されるに至った。

ハリマンは烈火のごとくに怒り、「日本は十年後に後悔することになるだろう」と言い放ったという。翌年の八月には娘婿のウィラード・ストレイトを奉天領事に送りこんで、徹底的に日本の利権と米国の利権とを衝突させるよう画策をしたという。なお、セオドア・ルーズベルト大統領は後日、「私は、従来は日本贔屓であったが、ポーツマス講和会議以来は日本贔屓ではなくなった」という書簡を残している。

その後、米国は再度ノックス国務長官経由で南満洲鉄道経営についての中立的な修正案を申し入れてきた。日本はロシアと協議したがロシアは大反対であったので、これを拒否した。ロシアも米国の進出を警戒して日本に外交圧力をかけてきていたのだ。これを機に、日米間の対立が徐々に深まっていった。
もし日本がこのハリマン提案を呑んで、南満洲鉄道（東清鉄道支線）を日米共同で経営していたら、後の大東亜戦争は起こらなかったかもしれないと見る歴史家もいる。歴史に「若し」はないので何とも言えないが、ハーバート・フーバー『裏切られた自由（Freedom Betrayed）』やハミルトン・フィッシュ『日米・開戦の悲劇』その他の研究書によって明らかにされている米国の侵略体質と、考え合わせなければならない。

ハリマン提案を呑んで一時的に日米関係が良好になったとしても、その後の米国のシナ大陸への進出意欲、日本人への人種偏見、及び米の侵略的体質からいって、必ずどこかで関係は破綻していたであろう。後のフランクリン・ルーズベルト大統領の、日本を犠牲にしての米国の世界戦略着手（対独参戦）へ至る大きな流れは止まらなかったであろう。

■日米対立の萌芽

●オレンジ計画[44]

一九二〇年代から三〇年代にかけて、米国海軍はカラーコード戦争計画という安全保障政策の一環としての総合軍事戦略を策定した。交戦可能性のある全ての国を網羅して色分けされた計画で、ドイツは黒、イギリスは赤、フランスは金というように色分けされていた。東

44）オレンジ計画：防衛省防衛研究所『オレンジ計画から真珠湾まで』http://dl.ndl.go.jp/info:ndljp/pid/1282968

洋の一小国に過ぎなかった日本は対象にはなっていなかった。

ところが、日露戦争で日本という有色人種の国家がロシアという強大な白人国家に勝利してしまった。特に日本海海戦においては世界有数の強力艦隊と目されていたバルティック艦隊をほとんど壊滅させるという大勝利を収めた。これは**アジアの人々を勇気づけた反面、一挙に白人国家の警戒心をかきたてることになった。**

かくして日本はカラーコード戦争計画の対象国に「格上げ」されて、顕在的な脅威として意識されるに至った。大日本帝国は交戦可能性のある仮想敵国として意識されるようになり、オレンジ計画（War Plan Orange）の対象となったのである。

オレンジ計画は、後に第二十六代大統領になったセオドア・ルーズベルト海軍次官が、ハワイ併合の前年に策定した「太平洋制覇のための十九世紀的日本征服計画」が基になっている。この計画は、一九二四年の初頭に開催された陸海軍合同会議（Joint Army and Navy Board）で採用された。オレンジ計画におけるシミュレーションでは、日本が先制攻撃を行った後に米国が反攻に移り、海上封鎖を行って日本の経済破綻をもたらすというシナリオを描いていた。

日本でも、米国のオレンジ計画にほぼ沿った対米戦争計画が一応は存在していた。「漸減邀撃作戦」である。戦うための物資の供給地として先ずシナを確保し、西進してくる米艦隊に対して、当時国際的にも高く評価されていた航続力を持つ潜水艦や、太平洋の島嶼基地に展開した長大な航続力が特徴の陸上攻撃機を最大限に活用する。

これによって、量的に優勢な米艦隊の戦力を徐々に低下せしめて、日米が戦力的に互角となってから主力艦隊同士での艦隊決戦に持ち込むというものであった。あくまでも短期決戦であり、最終的に大型戦艦などの質的優位により勝利するというのが、当時の日本の机上の作戦であった。

●人種差別の排日移民法

日本人のハワイへの移民は明治時代初頭から始まったが、やがて米大陸本土への移民も盛んとなった。**日系移民は低廉な賃金で、勤勉で粘り強く仕事をこなしたことから米市民からの反感を買い、日本人漁業禁止令や児童の修学拒否など、数々の排日運動が起こった。**

人種偏見を伴う理不尽な反日感情が高まるにつれて、米国ではカリフォルニア州を中心として日本人移民排斥が活発化していった。ただし当初は、米国は日本人移民を法律で禁止することはせずに、「一九〇八年紳士協定」ベースで日本側に自主規制を求める形とした。

しかし一九一三年にはカリフォルニア州で外国人の土地所有を禁止する「外国人土地法」（排日土地法）が成立した。これによって市民権を持たない日本人移民は土地の所有を禁止され、三年以上の借地も不可能となった。

一九二二年には米国最高裁は日本人の帰化申請を棄却し、「日本人のような黄色人は帰化不能外国人であって帰化権はない」という人種差別丸出しの判決を下した。その上、すでに帰化した日本人の権利まで剥奪できるとしたのである。人種差別を丸出しにし、かつ刑罰の遡及を禁じる法理を堂々と無視した判決である。

その二年後には悪名高い連邦法の**一九二四年移民法**(Immigration Act of 1924)が成立した。ジョンソン=リード法(Johnson-Reed Act)とも呼ばれる。これは必ずしも日本人のみを排除した法律ではないが、実質的に排日移民法として機能した。この法律では、各国からの移民の年間受け入れ上限数を、一八九〇年の国勢調査時に米国に住んでいた各国出身者数を基準に、その二%以下にするものであった。ただし、アジア出身者については全面的に移民を禁止する条項が設けられ、その大半を占めていた日本人が排除されることになった。

現在の米国のトランプ大統領が行って世界中から非難を浴びている出身国別入国禁止よりも、もっとあからさまなことを当時の米国は堂々とやったのである。

この法律に**日本の世論は人種差別であると激昂し、以後、日米関係は悪化を続けることになった。**大東亜戦争の終結後、昭和天皇は「この大戦の遠因はアメリカの移民法の問題であり、近因は石油が禁輸されたことである」と述懐したほどである。

■米国の対日戦争着手

●蒋介石を支援する列強の「援蒋ルート」

昭和一二(一九三七)年にシナ事変が勃発した後の経緯の中では、日本軍の仏印進駐が日米開戦に至る回帰不能点であったと一部には評されている。
シナ事変勃発後、米英仏ソ蘭などの列強諸国は蒋介石を支援するために、大量の軍需品や石油などの支援物資を中華民国に対して送り込んだ。そのルートがいわゆる「援蒋ルート」で、地域的には仏印ルート、香港ルート、ビルマルート、ソ連ルートがあった。こうして列強諸国によって行われた軍事援助は、日本の度重なる抗議にもかかわらず止むことはなかった。勿論、**交戦中の国に対する第三国のこうした行為は国際法違反である。**
東京裁判におけるインド出身の裁判官、パール判事は国際法の世界的大家であったが、次のように述べている。

「国際法の基本原則によれば、もし一国が、武力紛争の一方の当事国に対して、武器、軍需品の積み出しを禁止し、他の当事国に対して、その積み出しを許容するとすれば、その国は必然的に、この紛争に軍事干渉をしていることになるものであり、宣戦の有無にかかわらず戦争の当事国となるのである」

従って国際法では「援蒋ルート」は日本に対する実質的な宣戦布告であった。その中でも仏印ルートは最大のものであったので、日本はフランス政府側に対しルートの閉鎖を強硬に申し入れていたが、受け入れられなかった。仏印、すなわち仏領インドシナは現在のベトナムであるが、当時はフランスの植民地であった。日本の仏印進駐は、昭和一五（一九四〇）年の北部仏印進駐と、翌年の南部仏印進駐に分けられる。

昭和一五（一九四〇）年には、ABCD包囲網は一段と厳しさを増した。当時の米国の対日封鎖と経済制裁[45]にはすさまじいものがある。特に一九四一（昭和一六）年七月の日本の在米資産凍結令は宣戦布告に等しいものであった。

日本は当時、主要物資の輸入の大半を米国に依存していた。即ち**戦略物資の鉄鋼類の輸入量の七十%、石油の輸入量の七十八%、工作機械類の輸入量の六十六%を米国からの輸入に頼っていたのだ。これを打ち切られたのだから国家存亡の危機に直面したわけだ。**国家存続のためには、物資輸入の代替ルート、特に石油の供給を確保することは焦眉の急であった。

仏印の「援蒋ルート」を潰すための日本の仏印進駐は平和的に行われるはずだったが、一部の仏軍が頑強に抵抗したので、富永恭次少将が指揮する第五師団が仏軍のドンダン要塞などを攻撃して降伏させてしまった（南寧作戦）。九月二五日には停戦したが、翌二六日には日本のインドシナ派遣軍が上陸して、結局武力進駐になってしまった。

七月一四日には加藤外松駐仏大使が仏ヴィシー政権のフランソワ・ダルラン副首相と会談して南部仏印への進駐許可を求めた。ヴィシー政府は日本軍と

45）米国の対日封鎖と経済制裁の概要：1937(昭和12)年10月5日 ルーズベルトによる「隔離演説」、1939（昭和14）年7月日米通商航海条約破棄を通告、同年12月モラル・エンバーゴ（道義的輸出禁止）として航空ガソリン製造設備、製造技術も関する権利の輸出を停止するよう通知、1940（昭和15）年1月日米通商航海条約失効、同年六月特殊工作機械等の対日輸出の許可制、同年7月国防強化促進法成立（大統領の輸出品目選定権限）、同年7月26日鉄と日本鉄鋼輸出切削油輸出管理法成立、同年8月石油製品（主にオクタン価87以上の航空燃料）、航空ガソリン添加用四エチル鉛、鉄・屑鉄の輸出許可制、同年8月航空燃料の西半球以外への全面禁輸、同年9月屑鉄の全面禁輸、同年12月航空機潤滑油製造装置ほか15品目の輸出許可制、1941（昭和16）年6月石油の輸出許可制、同年7月日本の在米資産凍結令、同年8月石油の対日全面禁輸。

戦っても勝利する見込みはないし、植民地経営を継続するためには妥協をすることが得策であると判断して、同月一九日に日本側の要求を受け入れることを決定した。

更に日本は、翌昭和一六（一九四一）年六月、満洲では期待できない石油供給を自衛のために南方に求めて、南部仏印へも進駐する方針を決定した。当時ベトナムを植民地化していた仏を追放してベトナムを解放するためでもある。

当時、フランスはドイツとの戦闘に敗北を重ね、一九四〇年六月には休戦（実質的降伏）をしてしまっていた。日本はこの機を逃さずに松岡洋右外務大臣が仏アンリー駐日大使に対して強硬に交渉を行い、一九四〇年八月には「松岡アンリー協定」が締結された。アンリー駐日大使は本国との連絡が途絶えてしまっていたので、独断でこれを承諾したものと思われる。

日本の仏印進出は、米国の対日経済的締め付けに対処するための起死回生の緊急自衛手段であった。この日本の仏印進出は、フランスが植民地支配をしていた地域から宗主国を追放して旧植民地を独立せしめたものであるから侵略とはいえない（勿論フランスから見れば日本は、憎い憎い侵略国である）。

つまり、日本の立場からいえば国際法違反の仏印ルートを潰すための進駐であり、ベトナム人の立場からいえば、日本は侵略者である仏軍を撃退してベトナムを解放してくれた国だ。しかし、列強の立場からいえば、これは日本軍の仏領インドシナへの侵略であった。これにより列強諸国は態度を硬化させ、結局**ＡＢＣＤライン**[46]**による石油の禁輸を含む対日経済封鎖をますます強力に行う**

こととなったのである。

これは「援蒋ルート」と同様に、戦時国際法における中立国の義務に違反している。特に石油の禁輸は、日本にとって深刻な死活問題となる大打撃であった。日本は対抗上九月二七日に日独伊三国協定を締結した。これによって英米蘭による敵対心は決定的になった。

このように日本とは戦争状態でもない中立国のはずの列強各国が「援蒋ルート」を通じて蒋介石を支援して日本の追い出しを図ったのは、決してシナの民族独立を支援するためでも正義のためでもない。各国がせっかく打ち立てた白人による植民地支配の体制に、黄色人種で新参者の日本が参入してくることが許せなかったからに他ならない。

日本は米国に対して、一九四一年七月二八日からの南部仏印進駐は「平和進駐」であること、日米交渉は継続したいことを申し入れた。しかし、米国が日本を戦争に引き込む戦略は、この時に始まったものではない。日米間の確執は次項以下に述べるように、それよりもはるか以前から始まっていたのである。

日米開戦前年の一九四〇年九月二七日に、日独伊三国同盟条約が調印された時点で既に米国は日本と戦うことを決心して、それを米国民と議会が承認する環境づくりを計画していた。同年一〇月七日に米海軍情報部極東課長のアーサー・マッコラム少佐は、米国政府内部の各部門による情勢分析と意見を集約して、ルーズベルトの顧問であった海

46）ＡＢＣＤライン：アメリカ合衆国（America）、イギリス（Britain）、中華民国（China）、オランダ（Dutch）による対日経済封鎖。戦時国際法（交戦法規、背信行為の禁止、非戦闘員や降伏者の保護、戦争犯罪の処罰、中立国の義務などを内容とする。具体的にはジュネーブ諸条約などがある）においては国際紛争がある場合には、紛争外の中立国が交戦国の一方に経済的圧力を及ぼすことは中立義務違反となる。1937 年のルーズベルトのいわゆる隔離演説に端を発し、1940 年には包囲網は一段と厳しくなった。

軍大佐ウォルター・アンダーソンとダドリー・ノックスにメモを提出した。

このメモには、日本に合衆国を攻撃させるための八つの挑発方法が提案されている。ルーズベルトは、一九四一年中に、マッコラムが提案した八つの挑発計画[47]の全てを実行した。

蒋介石政権への支援計画は、次項のフライング・タイガーズ航空隊の計画として当時既に実行中であった。更に後述するように、別途、真珠湾攻撃の実に五カ月前にルーズベルトは日本爆撃計画「JB―三五五」(米国の爆撃機を中国に送って中国から日本本土を爆撃しようという計画)を承認していたのである。真珠湾事件に関して、米国が日本の宣戦布告の遅れを批判する資格などなかったのだ。

●米フライング・タイガーズ航空隊による対日戦闘行為

既に米国においても広く知られている事実となっているが、日本に対する実質的な戦闘行為は、民間の仮面を被った米義勇軍(AVG＝American Volunteer Group)、通称「フライング・タイガーズ航空隊」を使って、米国が、日本の真珠湾攻撃よりもはるか以前に実行されていた。

常識的にも、民間組織の義勇軍が戦闘機部隊(航空機、操縦士、地上要員を含む大規模部隊)を組織して第三国同士の戦いに容喙《ようかい》するなどということがあるはずがない。日本人は日米開戦の経緯について後ろめたく思う必要は少しもないのだ。

47) マッコラム・メモ(1944年に公開)に提案された八つの日本挑発計画：
http://whatreallyhappened.com/WRHARTICLES/McCollum/index.html

一九三〇年代後半以降、蒋介石は外国の新型兵器を購入したり、米・独から軍事顧問を雇い入れたりして、盛んに軍備の近代化を図ろうとしていた。米国において大きな働きをしたのは**蒋介石夫人である宋美齢**であった。彼女は幼少の頃から米国に留学をして完璧な上流英語を話し、そのうえ美貌でルーズベルト夫人メアリーとも親しかった。ラジオにも度々出演して中国の危機を訴えて米国の支援を要請していた。

宋美齢は「国民党航空委員会秘書長」の肩書を持って、**米国陸軍航空隊の参謀クレア・リー・シェンノート**（Claire Lee Chennault　フランス語読みならば〝シェンノー〟）大尉を中華民国空軍の訓練教官・顧問として雇い入れることに成功したという。シェンノートは、当時四十八歳で退役寸前であったが、月給千ドル（現在の日本円にして約千二百万円、年俸一億四千四百万円に相当）という当時としては超々破格の給料で中国・国民軍に雇われたのだ。早速、蒋介石は彼を中国空軍参謀長・大佐の身分で遇した。

ただし筆者は、シェンノートは退役して民間人となって顧問として雇われたのではなく、現役のまま出向を命じられたものと推測している。将来、何らかの形で米国が蒋介石を支援する空軍を指揮する密約が存在していたことが、明らかになるのではないか。

以下、筆者の推測を述べる。当初はＪＢ―三五五計画により爆撃機を中国に貸与して日本爆撃を担当するはずであったが、その計画は、欧州戦線を優先すべきであるというマーシャル陸軍参謀総長の反対で中止になった。そこで、担当することになったのが次に述べるフライング・タイガーズ航空隊であったと思われる。筆者の推測通りシェンノートが現役の身分を隠して中国空軍に着任したのであれば、米国の対日戦争への着手は一九三七年であったことになる。

ちょうど、真珠湾事件の一年前の一九四〇年一二月八日に、モーゲンソー財務長官、宋子文（宋美齢の実兄、中国の政治家）、ルーズベルトが昼食会を行った際、モーゲンソーが戦闘機部隊を米国が中国に貸与して日本を攻撃せしめる考えを示した所、宋子文が熱狂的な賛意を表明した（モーゲンソー・メモ[48]による）ことがある。

この考えは、フライング・タイガーズ航空隊によって実現される。航空隊は民間義勇軍の仮面を被っていたのだが、シェンノートも同じ仮面を被り、退役して民間人として中国空軍の顧問になったものと考えられる。これは、ルーズベルトが大好きだった権謀術策癖の一つであろう。

クレア・リー・シェンノート

さもなくば、一旦、退役して民間人になったシェンノートに、出向命令によって組織した大戦闘機部隊を指揮する全権を任せるはずがない。また、シェンノートが日米開戦後に米陸軍航空隊に帰任して順調に昇進し、中将まで上り詰めたことも、その傍証となる。

シェンノートは一九三七年に蔣介石配下に着任し、それまでの爆撃機主体であった中国空軍の体質を改善するた

48）モーゲンソー・メモ：http://blog.jog-net.jp/201112/article_2.html

めに、戦闘機百機からなる戦闘機部隊を新たに作って日本と戦うことを具申した。蒋介石は、この計画を是非とも実現したいと米国に要望し、ルーズベルトはこれを受け入れた。

なおシェンノートは、フライング・タイガーズ航空隊を率いて中華民国の国籍マークを付けたロッキード・ハドソン長距離爆撃機により一九四一年九月下旬（真珠湾事件の三カ月前）に東京・大阪を空爆する作戦計画を米国に提出し、ルーズベルトがこれに承認のサインをした。この空爆作戦が中国空軍のものではなく米空軍のものであった証拠である。

なお、シェンノート着任の一九三七年というのは、盧溝橋事件、第二次上海事変及び南京攻略の年であって、真珠湾攻撃の四年も前のことである。

一九四〇年、シェンノートは、ルーズベルトから戦闘機百機と必要なパイロット、及び二百名の地上要員を米軍内から集める承認を得て、さっそく人員確保にとりかかった。この支援部隊の本質は、中国を支援する米陸軍航空隊の別動隊であるから、もちろん米軍当局が身分を保証した。従って実質的には中国空軍への出向だった。

何度でも言うが、義勇軍という仮名を使っていたが、民間組織が航空機を含む戦闘部隊を組織して外国を支援するなどということは常識的にあり得ない。あり得たとしても**交戦中の二国間に介入して第三国の民間義勇軍が一方を応援して参戦すること**、それを政府が許容すること、などは**重大な国際法違反**である。

米軍当局は、出向する全メンバーに退役一時金五百ドルを支給し、中国で義勇兵としての軍務終

了後は元の階級で陸軍航空隊に復帰することを保証し、その間、毎月六百ドルを支給することを約した。更に敵機（日本機）一機を撃墜する毎に五百ドルの報奨金を米国が支給することを約した。この給与制度や報奨金制度は、フライング・タイガーズ航空隊が表面的には自発的な義勇軍の体裁を取っていたが、実質的には米陸軍航空隊そのものであった証拠である。

その後の厳しい訓練の結果、脱落者も出たので最終的にはパイロットが七十名、地上勤務員は百四名となった。部隊はいったん、当時英国の植民地だったビルマに入り、ここで中華民国軍に編入された。その後は中国航空隊の一部隊として機能した。部隊はラングーンの北にあるキェダウ航空基地を借り受けて本拠地とした。

●日米戦争は米国が先に開戦

米国は、「日本は宣戦布告をせずに真珠湾攻撃を行って戦争を仕掛けた」と非難して、米国民に対して「リメンバー・パールハーバー」と呼びかけて戦意高揚をはかった。しかし、前項に述べた通り、フライング・タイガーズ航空隊の指揮官のシェンノートが対日交戦中の蔣介石の軍隊に**着任したのが、一九三七年**である。若しシェンノートの退役が偽装で実際は中国空軍への出向赴任であったという筆者の推測通りであれば、米国の対日戦争行為への着手は、真珠湾攻撃よりも四年も早いのである。百歩譲ってシェンノートが本当に民間人として顧問に就任していたとしても、同航空隊が中国空軍に合流した時点（真珠湾攻撃より数カ月早い）で米国は日本に対する戦争を始めていたのだ。

増強した戦闘機部隊の実戦訓練の都合もあって、フライング・タイガーズの将兵が対日戦闘に参加したのは一九四一年一二月八日の真珠湾攻撃以後だった。有名な加藤隼戦闘隊とも戦い、善戦をしたという。日米開戦のタイミングとしては、どちらでも大差はないと考えるかもしれないが、大違いである。

国際法では戦争の主体は国家であって、航空隊の将兵個人ではない。つまり戦争は個人の行為ではなく国家という組織体の行為である。したがって、既に銃を撃って戦闘中であった蔣介石の空軍に、フライング・タイガーズ航空隊が〝国家の組織として合流〟したのであれば、メンバー個人がまだ銃を撃っていなくても、国家の組織としては立派に戦争行為に着手したことになる。

同航空隊は、前述の通り一応は民間義勇軍とされたので、米国はペンタゴンや大統領とのつながりを表面的には否定してきた。ところが同部隊の約百人の生存者が国防総省に史実を認めるよう請願していたところ、退役軍人として正式に認められた[49]のだ。つまり同部隊の実体は初めから米軍だったことを米国の国防総省自身が認めたのだ。

これは米国が昭和一二（一九三七）年に既に対日戦争に着手したことを正式に認めたことを意味するので、日米関係の歴史において極めて重要な出来事である。**大東亜戦争における日米間の戦争の発端は、日本による真珠湾攻撃ではなかった**のだ。

49）フライング・タイガーズ部隊の生存者が退役軍人に認定された旨、1991（平成3）年7月6日付のロサンゼルス・タイムズ紙が報道した。また読売新聞も平成3年7月8日に報じた。

こうした一連の謀略は勿論、国際法違反であるが、それだけではなく米国内法、すなわち一九三五年の米国「中立法」への違反でもあった。中立法とは、複数の外国間に戦争状態が存在すると認められる時、あるいは内乱が重大化した時には、米国は中立を保つこととし、何人も交戦国や内乱国に武器または軍需物資の輸出をしてはならないことを規定した法律[50]だ。しかし、独ソ不可侵条約が締結されると、一九三九年、米国が欧州では英仏両国を援助し、太平洋地区では中国を援助して日本を制裁することが法的に可能になるように中立法[51]の条件を変更した。

終戦後の部隊の解散の日、宋美齢は部隊全員に対し賛辞を送って、メンバーを「フライング・タイガーズ・エンジェル」と呼んだ。大戦終結後の一九四五年に、元フライング・タイガーズの搭乗員などにより貨物航空会社、「ナショナル・スカイウェイ・フレイト」（その後「フライング・タイガーズ」に社名変更）が設立されたが、後に、フェデラル・エクスプレス社に買収された。

昭和二〇（一九四五）年一二月、陸軍参謀総長ジョージ・マーシャル大将は米国上下院合同調査委員会において、共和党のH・ファーガソン上院議員の質問に答えて、**「米軍人は日米開戦前に既にフライング・タイガーズ社の**

50）米・中立法：日本がシナ事変を現実には戦争であるにもかかわらず「事変」と呼んだ最大の理由は、この法があるためだったと言われている。

51）中立法の条件緩和：昭和12（1937）年の米・中立法改正においてルーズベルトはシナ事変を「戦争」とは認定せず、中立法の適用も拒否した。その結果、米国は対シナ軍事経済援助を自由にできることになった。しかし、日本に対しても商業ベースで大量の軍需品・戦略物質を輸出せざるを得ない立場に立たされた。米国のジレンマであった。第二次欧州大戦が勃発するとルーズベルトは議会の要請に従って直ちに中立を宣言するとともに昭和14（1939）年に、議会に対して中立法改正を求めた。その内容は「侵略に対抗する民主主義国を援助するため」と称して交戦国への武器輸出禁止を撤廃するように求めたのである。そして、その年の五月にすでに期限の切れていた「現金・自国船」条項の再制定を要請した。かくしてルーズベルトは昭和一四年後半には、大西洋では英仏を援助し、太平洋ではシナを援助して対日制裁を強化する姿勢をあらわにした。

民間人に偽装して中国へ行き、戦闘行動に従事していたことを認めた。

このように米国は、日本に対して「宣戦布告をせずに実質的に先に戦争を仕掛けていた」のである。陸軍参謀総長が上下院合同調査委員会という公式の場において行った公式証言であるから、重みがある。筆者は、このことは日米双方の教科書に書かれるべきであると考えている。

●最後通告としてのハルノート

ここに至るまでに日米間では何回も交渉が行われていた。しかし、最終段階のハルノートが提示された時点までに、条件が徐々に緩和されるどころか、交渉の初めの頃の厳しさ以上のものになってしまった。ルーズベルトには、日本に要求を受諾させるつもりはなかったのだから、**全く歩み寄るつもりはなかった**のである。

この間の状況を克明に記している著作に、日米開戦の時期に米国の二大政党の一方を占めていた野党共和党の党首、ハミルトン・フィッシュが著した名著『Tragic Deception (悲劇的欺瞞): FDR and America's Involvement in World War II』(一九八三)(邦訳は『日米・開戦の悲劇』監訳:岡崎久彦　一九九二　ＰＨＰ文庫)がある。

同書の著者、ハミルトン・フィッシュは米国人の愛国者で二大政党の一方の党首という機密情報にも触れることができる立場にあり、この著作は米国人に対して語りかけようとした、正義感の発露の結果である。なお、拙著『ルーズベルトは米国民を裏切り日本を戦争に引きずり込んだ』(ハー

ハミルトン・フィッシュ

ト出版　二〇一七）は、同書を解説して筆者の国際政治論を展開したものなので、是非とも併読をお願いしたい。

ハルノートは米国の議会にも国民にも知らせずに発出されたので、日本の真珠湾攻撃がその結果であることは、米国の議会も国民も全く知らなかった。

その内容は、日本が生き続けるために半世紀をかけて相手国政府との交渉を経て得た諸条件を全て放棄することであり、いわば自殺命令書であった。

つまりシナ・仏印からの全面的無条件撤退（＝国家の生存に必要な石油等の物資補給源の放棄）、汪兆銘政権の否認、日独伊三国同盟の実質廃棄など、満洲事変以前の状態への復帰を要求するものだった。日本側はこれを米国の「最後通告」と受け取った。

●ハルノートの内容

ハルノートの内容、すなわち Outline of Proposed Basis for Agreement Between the United States and Japan は、昭和一六（一九四一）年一一月二六日に、ルーズベルトとその一派が議会にも国民（戦争に反対だった）にも秘匿して日本に発出された。コーデル・ハル国務長官の名前を取ってこのように呼ばれている。ハルノートの内容は十項目から成り、その概要は以下の通りである。

①イギリス・中国・日本・オランダ・ソ連・タイ・米国間の多辺的不可侵条約の提案
②仏印の領土主権尊重、及び仏印との貿易及び通商における平等待遇の確保
③日本のシナ（中国）及び仏印からの全面撤兵
④日米が米国の支援する蒋介石政権（中国国民党政府）以外のいかなる政府も認めない（日本が支援していた南京の汪兆銘政権を否認すること）
⑤英国または諸国のシナ大陸における海外租界と関連権益を含む一九〇一年「北京議定書」に関する治外法権の放棄について諸国の合意を得るための両国の努力
⑥最恵国待遇を基礎とする通商条約再締結のための交渉の開始
⑦米国による日本の資産凍結を解除、日本による米国資産の凍結の解除
⑧円ドル為替レート安定に関する協定締結と通貨基金の設立
⑨第三国との太平洋地域における平和維持に反する協定の廃棄（なお日本側はこれを日独伊三国軍事同盟の実質廃棄と捉えた）
⑩本協定内容の両国による推進

米国は日本がシナに侵略しつつあると決めつけて、いかにも正義感から日本に対して撤退を要求

しているかの如く思わせる体裁をとっている。しかし、当時の日本経済と社会の構造からみて、自殺命令に等しい内容であった。ルーズベルトの真意は日本を追い詰めて戦争に立ち上がらせることだったのだ。なお、フーバーとフィッシュは、ハルノートを実質的に宣戦布告に等しいと評している。

ルーズベルトは、日本がハルノートを直ちに拒否することを望んでいたのだが、日本側は律義にもこれを条件交渉の一環と捉えていた。そして、対米開戦を何としてでも避けようと苦慮して、後述するように連日のように対応策を練ったのである。もし当時の日本がハルノートの一言一句も違えずに受け容れてしまったら、ルーズベルトはむしろ困ったかもしれない。いや、無理難題の追加を言い出したに違いない。

ルーズベルトは、米国のシナ大陸進出の邪魔になる日本を排除するだけでなく、日独伊三国同盟を保持していた日本と開戦を契機として、英仏からの矢の催促に応えて欧州での対独への戦争を早急に開始することを強く望んでいたのである。

●米国は日本がハルノートを拒否するのを待ち望んだ

ルーズベルト大統領とハル国務長官は、日本からの回答を待つことなく、ハルノート手交の翌日、すなわち一一月二七日に「開戦が迫っているので戦闘準備をせよ」との命令を全ての前線指揮官に発した。

ただし、在ハワイ太平洋艦隊司令長官ハズバンド・エドワード・キンメル海軍大将及びハワイ方

ハズバンド・キンメル

面陸軍司令長官ウォルター・ショート陸軍中将には命令も情報も伝達されなかった。日本による真珠湾攻撃の日時を正確に把握してからも、戦艦アリゾナには定員を超える多数の将兵を乗り込ませて故意に犠牲者の数を増やした。しかし、保持しておきたい三隻の空母と新鋭艦は、演習の名目で湾から離脱させておいたのである。

いくら何でもハワイの自分の部下に対して、こうした仕打ちができるとは、ルーズベルトの人間性が疑われる。しかもキンメルとショートに対しては多大な損害の責任を取らせて降格処分までしたのだ。

この事実は、フーバーの『Freedom Betrayed』やフィッシュの『Tragic Deception』、ロバート・B・スティネット『真珠湾の真実』（俗称〝ロバート報告書〟）、その他の多くの研究書、及び東京裁判におけるインドのパール判事の論告によっても明らかにされている。

なお、スティネットは、第二次世界大戦に参戦して受勲もしている海軍退役軍人だ。スティネットは政府および軍の覚書や記録から数々の証拠文献を豊富に引用して、米国は日本の暗号電報を解読していて、真珠湾攻撃の十日も前に日本の作戦計画を知っていたことを明らかにしている。

日本軍の暗号無線は、米軍のマニラ、グアム、ハワイ、アラスカ、シアトル、サンフランシスコの各無線監視局で傍受されていた。真珠湾攻撃を行ったのは日本海軍の第一航空艦隊であったが、艦隊は、千島列島択捉島の単冠湾《ひとかっぷ》に集結して一一月二六日に出航した。この前後は厳重な無線封止が行われるはずであったが、実際にはこれが守られず、日本軍内部の交信情報は太平洋全域の米国無線監視局に筒抜けになっていたのである。

●日本の困窮の対応協議

ハルノートを見ると米国が中国の民族自決などを後押しをしたように見えるが、そうではない。**ルーズベルトが米国民や議会にも隠して権謀術策を弄してまでして、日本を戦争に引き込んだのは、自己の積極的世界平和主義を実行するために、当時の不干渉主義・一国平和主義が支配的であった米国内の空気を変えるためだった。**ルーズベルトなりの自己の信条を貫くための施策であった。しかし、その犠牲にされた日本はたまったものではない。

第三次近衛内閣の時の昭和一六（一九四一）年九月六日に開かれた御前会議においては、前月の米国の対日・石油輸出全面禁止に対処、米英両国に対する交渉の最低限の要求内容を協議して『帝国国策遂行要領』を採択している。そして、交渉期限を一〇月上旬に区切り、この時までに要求が受け入れられない場合には、原則として米英両国に対して開戦に踏み切る方針が閣議決定された。

この九月六日の御前会議で、永野修身海軍軍令部総長が苦しい胸のうちを切々と語った次の言葉は、今でも我々の心を打つ。

政府側陳述によれば、米国の主張に屈服すれば亡国必至であるとのことであったが、戦うもまた亡国であるかも知れない。すなわち戦わざれば亡国必至、戦うもまた亡国を免れぬとすれば、戦わずして亡国にゆだねるは身も心も民族永遠の亡国であるが、戦って護国の精神に徹するならば、たとい戦い勝たずとも祖国護持の精神がのこり、われらの子孫はかならず再起三起するであろう。

（海軍）統帥部としてはもとより先刻申したとおり、あくまで外交交渉によって目的貫遂を望むものであるが、もし不幸にして開戦と決し大命が発せられるようなことになるならば、勇躍戦いに赴き最後の一兵まで戦う覚悟である。

しかし、昭和天皇はこの決定を拒否されて、あくまで外交により解決を図るよう命じられた。その際、以下の明治天皇の御歌が引用されている。

〝四方の海　みなはらからと思う世に　など波風の立ち騒ぐらむ〟

翌一〇月一七日に至り、東條英機を首班とした組閣が行われた。東條英機は最も先鋭的な開戦論者であったが、天皇陛下には絶対的に従う軍人であった。そこで、東條英機であれば他の開戦論者を抑えることができるかもしれないという計算が、この組閣にはあったと思われる。一一月五日には、一一月末日を交渉期限として引き続き外交交渉を行うことが決定されたが、同時に、もし交渉が不成立の場合は開戦も已む無しとの決意が盛り込まれた『帝国国策遂行要領』が、再び御前会議で決定された。

永野修身

この時点でもまだ日本は、無邪気（!!）にも交渉の条件次第で開戦を回避する可能性がゼロではないと考えていた。ルーズベルトが日本側の回答如何にかかわらず開戦をするつもりであるとは思いもよらなかったのである。**日本は米国の政治情勢についてもルーズベルトの策謀についても全く何も知らずに、手探りでこうした重大局面での決断をしようとしていたのである。**国を誤ったのは、日本の情報戦争音痴、諜報センスの欠如、軍および外務省ら省庁の無為無策によるものであった。

ルーズベルトは、ハルノート手交前日（一一月二五日）の会議において次のとおり発言したことが伝えられている。すなわち、「ハルノートが受けられない場合、日本は来週月曜日（一二月一日）以降のいつでも攻撃を仕掛けてくるだろう。日本人は無警告で攻撃することでは悪名高いからだ。問題は攻撃されるとわかっている中で、どうすべきかだ。つまり、向こうに最初の一発を撃たせるにしても、こちらの危険があまり大きくならないようにするにはどうすべきか。実に難しい問題だ」

更にその二日後にルーズベルトは待ちかねて、スティムソン陸軍長官に対して、「どうして日本はいまだにわれわれを攻撃しないのであろうか」と口にしている。かくして日米は開戦に至るのであるが、**日本はまんまとルーズベルトの〝謀略〟にはめられて戦争に引きずり込まれたのだ。**

結局、ルーズベルトとハルは、日本からの回答を待つことなく、ハルノート手交の翌日、すなわち一一月二七日に「開戦が迫っているので戦闘準備をせよ」との命令を、在ハワイの司令官を除く全ての前線指揮官に発した。

そして一九四一年一二月八日、日本はついに決起して、真珠湾攻撃に至ったのである。繰り返すが、開戦は日本が決定したのではなく、米国はそれ以前から戦争行為に着手していたのである。敵対的な実力行使に至っては、その数年も前から行っていた。日米開戦の経緯は、日本人の自虐史観の原点であるので全日本人が真相を知るべきである。

■日米開戦

●在米日本大使館の怠慢（宣戦布告文遅延）

日本は遂に開戦に踏み切って、ワシントン時間一二月六日の午前に野村吉三郎駐米日本大使に向けて、長文の重要外交文書を送る旨の予告電報（通称パイロット・メッセージ）を送った。ワシントンでは最後の第十四ページ目がなかなか到着しなかったために、日本大使館員は一人残らず引き揚げて、同僚の寺崎一等書記官の送別会（中国料理店）に出席してしまった。この重大な時期に信じられないほどの職務怠慢である。

翌七日(ワシントン時間)の朝九時に海軍武官が大使館に出勤して、この重大文書を発見した。「現地時間の午後一時にアメリカ側に手交せよ」と書いてある。武官があわてて大使館員に連絡を取り、それから大騒ぎの対応作業が始まった。とりあえずハル長官に午後一時のアポを取り付けたが、復号とタイプ清書に手間取ってとても作業が間に合わない。

タイピスト使用禁止命令があったので、キャリア外交官が一本指でタイプした。結局、野村大使と来栖三郎特命全権大使がハル国務長官に面会したのは午後二時二〇分頃だった。

現地の真珠湾では既に七日午後一時二十五分（日本時間八日午前三時二十五分）に攻撃が開始されていた。文書の最後は次の通りであった。「仍テ帝国政府ハ、茲ニ合衆国政府ノ態度ニ鑑ミ、今後交渉ヲ継続スルモ妥結ニスルヲ得ズト認ムル外ナキ旨ヲ、合衆国政府ニ通告スルヲ遺憾トスルモノナリ」つまり、これは交渉打ち切り通告文であったのだが、国際法上は宣戦布告として通用するものだ。

加瀬俊一氏（当時の外相秘書官。元国連大使）の述懐するところによれば、陛下から開戦通告はきちんと国際法の手続きを踏むようにとのお言葉があったので、横田喜三郎東大名誉教授に相談したところ「法学者の立場からこれで十分[52]」と言われたとのことである。

野村大使は、午後一時という時刻の重要性を知っていたはずだから、たとえ内容の概要だけでも文書化して通告は行っておくべきだった。完成文書は後で届ければよかった。少なくとも「何の通告もなしの卑怯なだまし討ち」という非難の根拠を与えずに済んだはずだ。米国は既に日本の暗号文を全て解読して内容を知っていたのだから、米国には実害は無かった。とはいえ、外務省は国際間のフォーマリティーを扱う役所なのだから言い訳はできない。

不可解なのは、その責任者への処分が皆無であったことだ。外務省は怠慢についての責任を認めようとしなかった。最高責任者である野村大使と来栖大使については、先輩を護ろうという外務省全体の雰囲気の中で、責任を問うべきだという空気もなかった。

昭和二一（一九四六）年に外務省としての一応の調査が行われたらしく、その報告書が出てきた由。やっと事件から五十三年経った平成六（一九九四）年一一月に、外務省として「極めて遺憾であり、申し開きの余地はない」との見解を表明[53]した。

大使館業務の責任者だったキャリア外交官の井口貞夫参事官も奥村勝蔵一等書記官も、共に処罰されないどころか後に官僚として最高の事務次官にまで登り詰めた。その後、井口氏はなんとカナダ大使、アメリカ大使、中華民国（台湾）大使を歴任し、奥村氏はスイス大使にそれぞれ就任するという栄誉に浴したのである。

陰謀論の域を出ないかもしれないが、吉田茂が子飼いの部下の奥村一等書記官に宣戦布告書の米国務省送達を故意に遅らせて不意打ちを画策したという説がある。当時の在米日

52）宣戦布告として通用：『二十世紀はどんな時代だったのか〜戦争編』読売新聞社　1999年　420ページ
53）外務省として遺憾の意を表明：同掲書　418ページ

本大使館の関係者の誰も処罰されないどころか全員が栄進を続けたという事実から見ると、あながち単なる陰謀論として片づけることができないかもしれない。

かくしてルーズベルトは、日本は宣戦布告せず卑怯な不意打ちをしたという演出にまんまと成功した。そして「リメンバー・パールハーバー」の標語のもとに米国世論を操り、日本に対する激しい敵愾心に火をつけたのである。在米日本大使館はその手伝いをしてしまったのだ。

現地の最高責任者である野村大使は、これは大使館の落ち度であったことを明らかにして、日本政府には「不意のだまし討ち」をするつもりは全くなかったことを米国民に知らしめることは十分にできたはずだ。大使館門前に群がっていた記者に発表するなり、自身の進退を以て責任を取るなり、いくらでもあったはずだが、何もしなかった。

野村吉三郎

明らかに日本大使館の万死に値する罪であったので、野村大使が責任感から自殺をしないようにと、磯田三郎陸軍武官や横山一郎海軍武官その他の職員が心配して、皆で交代で夜通し大使寝室を見張った。後にそれを知った野村大使は「なぜ私が自殺しなければならないのか。私は外交官である！」と言ったという有名な話[54]がある。
野村大使は、外交官は責任を取らなくても良い高貴な職種であるので、俗世界の些事の責任などとは無縁の人種であると思っていたのだろうか。善意に解釈しても、外交官は主体者の単なる代理人（Agent）に過ぎないのだから、自分で判断も行動もしないので、結果責任は全て主体者（Principal）にあるというつもりだったのかもしれない。野村大使は生粋の外交官育ちではなく海軍軍人出身であったが、何か勘違いがあったとしか思えない。「特命全権大使」だったのだから、主体性がないので責任を取らなくても良い、というわけがない。

日本の真珠湾攻撃を米国は〝Sneak Attack〟（狡猾で卑怯な攻撃）と喧伝して、米国民の敵愾心に火をつけた。この経緯の詳細はその後の数々の資料や研究[55]で明らかになっている。なお、米国が二十世紀中に行った米国自身が行った戦争、すなわち一九六四年のベトナム戦争、一九八三年のグレナダ侵攻、一九九〇年の湾岸戦争、及び二〇〇三年のイラク戦争のいずれにおいても事前に宣戦布告を行った例はない。

●日本はどう対応すべきだったのか

こうした日米開戦に至る真相は長い間明らかにされなかった。そういう状況で、日本の多くの著名な歴史学者が、この前後の情勢と政策分析について膨大な研究を行い、日本側の対応の誤りを指摘する意見を発表した。

曰く「日本の陸軍が跳ね上がりの強硬論を唱えて、無謀にも日米開戦に突入してしまった」とか、曰く「勝ち目のない戦争に突入するよりはハルノートを受諾してしまった方が

54）野村大使の「なぜ自殺をしなければならないのか。私は外交官である」：http://bewithgods.com/hope/etc/etc-21.html

55）真珠湾攻撃の事情についての資料：本書 10 ページ脚注（3）参照。

良かった」とか、曰く「日本被害者論は見当違いで、シナ大陸への侵略行為が開戦の原因であるから、真珠湾攻撃に踏み切らずに政治判断による戦争回避の可能性があったはず」等々。こうした意見がまことしやかに主張された。

しかし、日本に最初の一発を撃たせることがルーズベルトの真意であったことが明らかになる前のことだったので、すべてが全くの見当違いであった。こうした事実誤認が日本人の自虐史観の原因になっているのであるから、筆者は、後付けでもよいから彼らは修正意見を発表すべきであると思う。しかし、これまで筆者は、修正意見は寡聞にしてついぞ聞いたことがない。

米国の歴史研究家の間でも、こうした日米開戦に至る経緯は徐々に明らかにされつつある。しかし、米国の歴史家の大部分は「これはルーズベルトなりの国益追求の姿勢であった」とか、「究極的にはナチとソ連を押さえるためにはやむを得ないものであった」などと、無理にでも前向きに評価しようとしているのがほとんどである。

勿論、「日本に謝罪すべきではないか」などという意見はない。それどころか、中には「日本政府には歴史を歪曲して書き換えようとする動きがある」とまでいう意見もある。例えば米ジョンズ・ホプキンス大学高等国際関係大学院（ＳＡＩＳ）のデニス・ハルピン招聘研究員は二〇一五年三月九日、外交安全保障問題の専門誌「ナショナル・インタレスト」へ寄稿[56]して「日本の歴史修正主義の出発点は慰安婦と南京大虐殺かもしれないが、その帰結はトルーマン大統領と核爆弾（への批判）になりかねない」と述べた。

更に、「日本が自らを太平洋戦争（原文のママ）の犠牲者として美化すれば、米国は加害者になり太平洋戦争を起こしたのは東條英機ではなくなってしまう。そして、原爆を落としたトルーマン大統領が戦犯になってしまう」と述べ、「結局は第二次世界大戦以降の連合国がつくり上げた世界秩序はまるごと崩壊してしまう」と指摘した。

気の毒だがハルピンの学者としての生命は、真珠湾事件の真相についての公文書が公開される二〇六五年には終わりになるだろう。しかし、こうした意見がまだまだ米国内では多数を占めているという事実を、日本は押さえておく必要があるだろう。

現在、はっきりしているのは、日本は安全保障を米国との同盟関係に頼っているのであるから、日本の政治家が米国の痛い腹をキリキリとえぐるように歴史認識論争を挑んで仲違いをしても国益に資することは皆無であるということだ。それどころか安全保障上の重大な不利益を惹起しかねない。

この点、安倍首相は平成二七年四月に米上下両院議員総会で行った演説において、日本も反省をすべき点があると譲歩して見せて、米国の政界を安心させたように、かなりうまくやっていると思う。

●真珠湾事件の真相調査

ワシントンから情報を貰えずに生贄にされた太平洋艦隊司令長官キンメル海軍大将は、真珠

56）デニス・ハルピンの主張：http://www.focus-asia.com/socioeconomy/photonews/411511/

湾の損害の責任を取らされて少将に降格されたのちに退役している。陸軍司令長官ショート陸軍中将も同様な憂き目にあっている。

後にキンメルとショートは、降格と免職は冤罪であったと主張して、正式な軍法会議の開催を要求した。しかし軍法会議を行うと、大統領の命令で、いわゆるマジック情報（パープル暗号解読器でつかんだ日本海軍の動静情報）がハワイ当局に秘匿されて、その結果、損害が激増したという事実が暴露されてしまう。

そこで、ルーズベルトはノックス海軍長官とスティムソン陸軍長官に命令を下して軍法会議を開催させないようにした。しかし、これをきっかけとして、次に述べるような実に十一回にも及ぶ調査委員会や査問委員会が、一九四一年から二〇〇〇年までの五十九年間にわたって延々と行われた。そして、遂にルーズベルトの国家反逆罪にも相当する策謀が実行されたという、真相が明らかにされてしまった。

①ノックス調査報告（The Knox Investigation） 一九四一年一二月九日～一四日

ルーズベルトがノックス海軍長官をハワイに緊急に出張せしめし行わせたお手盛り調査。責任を現地司令官に負わせる内容。公表してもよい報告書[57]と秘密報告書[58]の二通を提出した。

②ロバーツ調査委員会（The Roberts Commission） 一九四一年一二月一八日～一九四二年一月二三日

57）公表ノックス報告書：http://www.ibiblio.org/pha/pha/knox/knox_2.html
58）秘密ノックス報告書：http://www.ibiblio.org/pha/pha/knox/knox_sec.html

ルーズベルト大統領の特命により、ロバーツ最高裁判事を委員長として組織された調査委員会。お手盛り委員会に過ぎず、キンメル、ショート両司令長官の判断に誤りがあったとすると同時にハワイにおける担当将校と下士官の責任を追及した。

③ハート調査機関（The Hart Investigation） 一九四四年二月一二日～六月一五日

退役海軍大将トーマス・ハート主宰の調査機関の報告。実質的にロバーツ委員会の調査を追認する内容だった。

④陸軍査問会議（The Army Pearl Harbor Board） 一九四四年七月八日～一〇月二〇日

責任はすべてハワイの当局側にあるとしたロバーツ報告書に初めて真っ向から反対し、ワシントン側にもマーシャル大将が対日情勢悪化の情報をハワイ当局に知らせていなかった等の問題があったと指摘した。しかし同時に、ハワイ側にも戦争準備態勢を迅速に行わなかったり、無能な参謀将校を更迭しなかった等の問題があったと指摘した。

⑤海軍査問会議（The Navy Court of Inquiry） 一九四四年七月二四日～一〇月一九日

先行の①、②、③の調査委員会の結論を全て否定して、キンメル太平洋艦隊司令長官には何の責任もないとした。ワシントンのスターク海軍作戦部長が日米国交断絶をハワイに知らせなかった点を重大視し、ルーズベルトにも責任が及ぶことを示唆した。

しかし陸軍省と海軍省の当局は、戦争の最中であるとの理由により、④⑤の陸海軍の両査問会議に提出された資料や証言について再調査を行うとして公表せず、結論を先送りにした（もちろんルーズベルトが事態を秘匿するように指示したに違いない）。

⑥クラウゼン調査機関（The Clausen Investigation） 一九四四年一一月二三日～一九四五年九月一二日

前述の④の陸軍査問会議に不備がないかを確認することを目的としてクラウゼン中佐に補足調査を命じたもの。陸軍査問会議の結果を追認する内容であった。

⑦ヒューイット調査機関[59]（The Hewitt Inquiry） 一九四五年五月一四日～七月一一日

海軍省も海軍査問会議の結果確認のための補足調査を行った。ケント・ヒューイット海軍大将は一千三百四十二ページの大部の報告書を提出して、第一に日本の交渉打ち切り電報の傍受情報を海軍省高官が見ていないと証言したのを、「そんなはずはない」と否定したこと、第二に、海軍の責任問題についてはキンメルの責任はゼロではないにしても、ワシントンのスターク作戦部長に大きな責任があることを指摘した。

⑧クラーク調査機関（The Clarke Investigation） 一九四四年九月一四日～一六日、一九四五年七月一三日～八月四日

陸軍情報部長クレイトン・ビッセル大将が、陸軍参謀総長マーシャル大将の行動に不審を抱いて、カーター・クラーク大佐に機密情報の処理状況について調査するように命じたもの。しかし、マーシャル陸軍大将が機密書類の破棄を命じた証拠は確保できなかった。また、「マジック情報」をハワイ当局に送らなかった事情についても、決定的な証拠を発見できなかった。

⑨上下両院合同調査委員会[60]（The Joint Congressional Committee） 一九四五年一一月一五日～一九四六年五月三一日

59）ヒューイット調査機関："PEARL HARBOR ATTACK HEARINGS BEFORE THE JOINT COMMITTEE ON THE INVESTIGATION OF THE PEARL HARBOR ATTACK"（http://www.ibiblio.org/pha/pha/invest.html）

約二百日にも及ぶ聴聞会を行い、三百三十一名からの証言と、一千万語以上の調査資料を集めたという大規模な調査を行った。報告書は四十巻にのぼる膨大なものとなった。

調査の過程ではルーズベルトの謀略を秘匿しようとする民主党系委員と、これを暴露しようとする共和党系委員の間の激しい争いが生じた。調査中にも、暗号解読書類の破棄、証拠の隠滅工作、共和党系委員に対する左遷の暗示、脅迫による証言の撤回強制、記憶喪失事件、脅迫による証人の出頭拒否等々の数々の不祥事が生じた。

遂にスターク海軍大将もマーシャル陸軍大将も、「マジック情報」をハワイだけには送らなかったことを認めたが、その理由は、米側が解読している事実を日本に悟られないようにするためと、当時傍受解読する量があまりに多かったのでそれを一々送っていたのではハワイ側を混乱させるだけと思ったためである、と述べた。

ハワイ以外の軍事拠点には情報を送っているのだから、全く理由にならない言い訳に過ぎない。しかし、これにより永年にわたって疑義があった、〝意識的に〟情報がハワイに送られていなかったという事実が明らかになった。

しかしこれらの事実がルーズベルトの謀略によるものであったかという点については、この調査結果も、謀略を否定する②ロバーツ調査委員会の結論と大同小異となったので、真実の解明とはほど遠いものとなった。

60）上下両院合同調査委員会についての資料：:『日米検証・真珠湾』青木勉　著　光人社　1991年145ページに詳しい分析あり。

それでも、議会合同調査委員会の結論では、〃ハワイの司令官達の過失は判断の誤りであって、職務怠慢という規則違反ではない〃というものに変更された。一応は、真実に一歩近づく大きな成果であった。

キンメルは、米・上下両院合同調査委員会の席上で「もし、（他地域の指揮官と同様に）情報を与えられてさえいれば、（中略）私は太平洋艦隊を失うことはなかったろう」と証言した。それでも徹底的な事態究明は行われずに、うやむやにされてしまった。

⑩一九九九年上院調査委員会

上述の数々の調査委員会や査問委員会から更に半世紀もの時間が経過した**一九九九年五月二五日**、上院の調査委員会が更めて調査を行い、遂に事件の真相が明らかになった。**キンメル提督とショート将軍の名誉回復の決議が上院で採択された**のである。ウィリアム・ロス・ジュニア上院議員は「彼らは最善を尽くしたが、政府によってスケープゴートにされた」と指摘し、ストロム・サーモンド上院議員も「彼らはパールハーバーの最後の犠牲者だ」と主張した。

⑪二〇〇〇年下院調査委員会

更に、翌**二〇〇〇年一〇月一一日**には下院の調査委員会も上院と同じ結論を得たので、同様に名誉回復の決議が採択された。残念ながらキンメルもショートも没後であった（キンメルは一九六八年に八十六歳で、ショートは一九四九年に六十九歳で、それぞれ逝去していた）。

しかし時のビル・クリントン第四十二代大統領も、次のジョージ・ウォーカー・ブッシュ・ジュニア第四十三代大統領も、等しく署名を拒否した。クリントンもブッシュも世界の歴史の汚点の証拠となるような書類への署名を回避したかったものだろう。米国大統領としては当然かもしれない。

●日本の外交音痴と諜報センスの欠落

これまでに述べたように、日本はルーズベルトが次々にぶつけて来る難題に苦慮して何回も御前会議を開いて対策を練った。しかし米国の真意は交渉を進展させることではなく、日本を戦争に立ち上がらせることにあったなどということは、御前会議のメンバーは夢にも思わなかったのである。ハルノートは、日本を挑発するために米国民や議会にも知らせずに勝手に発出されたことさえも日本政府は知らなかったのだ。

ルーズベルトは戦争をしないことを公約して大統領に当選したこと、及び当時の米国の世論は八十五%が不干渉主義であったこと等は、当然、在米日本大使館は熟知していたはずである。ハルノートの内容は米国内では最重要機密になっていただろうが、在米日本大使館ならば対米交渉の最前線を担当していたのだから、情況は十分に把握していたはずだ。従ってルーズベルトの対日交渉方針は、米国民も議会も全く知らない裏切り行為ではないか、くらいの分析はできていなければおかしい。

日本大使館の誰かが、フィッシュ共和党党首に相談するなり、新聞社の誰かに電話を一本かけるなり、あるいは第三国に仲介を依頼するなどの外交交渉を通じて国際社会に暴露するなりしていたら、ルーズベルトが米議会と国民を裏切っていることを明らかにできていたかもしれないではないか。

そうなれば事態は大きく変わって、陰謀は暴かれてルーズベルトは窮地に陥っていたはずだ。そして、日米戦争は起こらなかったかもしれない。歴史の「タラ、レバ」であるから、振り返っても詮無き事ではあるが、あまりにも重大な結果の差が生じたのであるから、返す返すも残念だ。

当時のワシントンの日本大使館員達は、知日派の政治家達との仲良しクラブで付き合いをするだけで、議会対策ルートも諜報活動ルートも一切持っていなかった。筆者でさえも商社の海外駐在員（シドニー）時代には、担当分野を統括する政府要人とは家族ぐるみの付き合いをしていたし、会社の責任者のお供をして豪州政府の要人のホーム・パーティーにも何度も招かれたことがある。そこでは多くの各国の外交官夫妻にもお目にかかった。しかし、そこで日本の外交官に会った事は一度もなかった。

何度でも言うが、**日本外務省の情報収集能力の低さ、外交センスの欠如、米国の各種の政治勢力との個人的縁故などの欠落、こういう体制が日本を大戦の惨禍に追い込んだといっても過言ではない。**

日本外務省の血筋偏重、学閥主義、外交官試験による記憶力だけが優れて判断力も積極性も欠落した人間を選抜するシステム等の結果、自尊心だけが高い無能で高給取りの坊ちゃん官僚だけが残ってしまった。

こうした外務省の国益を損なう行為は現在に至っても続いている。情報インテリジェンスの仕事は、超一流大学を卒業しただけの無邪気で育ちの良い秀才には無理である。ずる賢くて、権謀術策に長けており、しかし深謀遠慮という知的能力が高い人間を集めて、別の組織を新規に立ち上げるしかないだろう。

■米国の欧州参戦のきっかけとしての対日開戦

●対日開戦は米の欧州参戦のきっかけ造り

ルーズベルトは、これまでに述べたように、どうしても日本を戦争に引き込みたかったのであるが、その動機としては欧州における米国のプレゼンスを高めることにより、世界大戦後の世界市場における米国の覇権を確立するという目的があった。

実際、第二次世界大戦における米国の主戦場は欧州であった。米軍の戦死者（病死、事故死も含む）の数は合計四十一万六千人であったが、その内の約六十％は欧州における二十五万人で、太平洋方面は約四十％の十六万六千人であった。

つまり、米国にとって対日戦争は参戦の口実造りが主体だったので、当初は日本との戦争はいわば片手間の感があった。しかるに当初の半年間の戦闘では、日本軍が意外に頑強に戦ったので、欧州戦線に派遣する予定だった艦隊を急遽太平洋に回付せねばならなかった。また、ルーズベルトが画策していた爆撃機を中国に貸与して日本を爆撃させる計画（JB—三五五）も、パイロットをシンガポールに集結・待機させる段階にまで至っていたのだが、マーシャル陸軍参謀総長が欧州戦線優先のために強引に止めさせた。

米国が第二次大戦勃発前の欧州において、如何に高圧的な外交戦略を展開していたか、如何に英仏が米の即時参戦を求めて矢の催促をしてきたか等の事情については、日本ではあまり知られていない。ルーズベルトは、英国のチェンバレン首相に対しては、「融和政策を直ちにやめないと米国は英国を敵と見做す」との恫喝まで行っていたのである。

そのためにルーズベルトが如何に対日開戦を焦っていたかについての理解が、日本では十分ではない。この辺の事情については拙著『ルーズベルトは米国民を裏切り日本を戦争に引きずり込んだ』（ハート出版）に詳しく論述したのでご参照願いたい。

ドイツ空軍は上陸作戦の前哨戦として、一九四〇年七月〜一〇月の間に大々的なロンドン爆撃作戦を行った。これはバトル・オブ・ブリテンと呼ばれている。結局、ドイツの英本土への上陸作戦は実行されなかったが、英国のドイツに対する危機感には極めて深刻なものがあった。チャーチルからはルーズベルトに対して欧州戦線に即刻参加するようにとの矢の催促があった。

もし米国が参戦しなければ、全欧州がソ連とドイツに牛耳られてしまう危険性が現実にあった。

米国としても、これを阻止して世界戦略を遂行するためには是非とも参戦をしたかった。しかし、米国民はこの大戦に米国が巻き込まれることに大反対であった。米国は民主主義の国だから、国民と議会の意向は最大限に尊重しなければならず、ルーズベルトとしては何としても参戦の大義名分が欲しかったのである。

日本は昭和一五（一九四〇）年に日独伊三国同盟を締結した。その動機の一つは欧州戦線にて快進撃を続けるドイツを見て、ドイツと手を結ぶことにより米国を牽制しようと考えたこともあった。皮肉にもそれが裏目に出て、米国に対独戦争の名分を与えてしまったのだ。

青山学院大学の福井義高教授が指摘[61]するところによれば、スタンフォード大学のトーマス・ベイリー教授は、「大衆はひどく近視眼的であり、危機を見通すことができないので、政治家は大衆を騙してでも自らの長期的利益に気付くように仕向けなければならない。これがルーズベルト大統領のやらなければならなかったことである」と述べて、「後世が大統領に感謝しないなどといえようか。（中略）ハワイで沈められた軍艦など、米国人を一致団結させる代償としては不必要であったにしても安いものであった」とまで言っているとのことだ。

ベイリー教授は、ルーズベルトが日本の〝卑怯な〟先制攻撃を演出して、米国民を憤激させて米国を参戦せしめたのは極めて卑怯で悪辣な行為であったことを、事実認識の問題としては認めている。それにもかかわらずベイリー教授は、ナチス・ドイツを破るためには米国

61）福井義高『日米戦争、ルーズベルト責任論と“歴史修正主義”非難の起源』：雑誌「正論」2015年2月号　131ページ

の参戦は不可欠であり、それを可能ならしめたルーズベルトの政策は有効であったと評価するのである。

冗談ではない‼　そんな理屈は犠牲になったハワイの米将兵や日本人の立場からは断じて受け入れられない。繰り返すが、それは〝米国の民主主義のコスト〟であったのだ。ルーズベルトはそのコストを第三国の日本に払わせたのである。これに怒らない日本人がいたらよほどの腰抜けだ。

●欧州戦線の展開

一九三九年九月、ヒトラーは第一次世界大戦終了後にドイツに課せられた懲戒的なヴェルサイユ条約を破棄してポーランドに侵攻した。そして、これに抗議して英仏が宣戦布告をして、第二次世界大戦が始まった。しかし英仏には本気でドイツと戦争をする意思も能力もなかった。専らルーズベルトに押しまくられて、米国の即時参戦を信じて宣戦布告をしたものだった。

四〇年にはソ連軍がバルト三国に侵入してこれを併合してしまった。四一年六月にはドイツ軍は独ソ不可侵条約（一九三九）を破棄して、ソ連の勢力範囲にあった地域に侵攻した。歴史的に反ソ感情が強かったバルト地方や、過酷な共産党の政策に苦しんでいたウクライナの住民は、ドイツ軍を当初「共産主義ロシアの圧制からの解放軍」と歓迎した。しかし、ヒトラーはバルト三国（エストニア、ラトビア、リトアニア）の東スラヴ系住民やウクライナの東スラヴ人を劣等民族と認識していたので、彼らの独立を認める考えはサラサラなかった。そのため、数々の残虐行為を行った。

ようやく米国も、一九四一年一二月八日の日米開戦を口実として欧州の戦争に参戦し、戦いは文字通りの世界大戦となった。米国とドイツの本格的な戦いは、翌四二年のカリブ海と大西洋におけるドイツの潜水艦Uボートとの戦いに始まった。四三年には米軍は北アフリカに上陸したが、ドイツのアフリカ軍団と直接の戦闘で苦戦して大きな損害（六千五百人の戦死者）を出した。

一九四四年には、連合国はノルマンディー上陸作戦を成功させた。これを機に、以後戦局は徐々に連合軍に有利に展開して、遂に四四年八月には連合軍はパリを解放した。その陰で、連合軍兵士によるフランス女性の強姦事件が続発したのは有名な話だ。

なお、欧州戦線において米国の第四四二連隊戦闘団は、大隊長と三名の幹部以外のほとんど全員が日系アメリカ人二世により構成されており、二世部隊と呼ばれたが、欧州戦線に投入されて勇猛果敢に戦い赫々《かっかく》たる戦果を挙げた。米国史上もっとも多くの勲章を受けた部隊である。

第二次世界大戦には世界の六十一カ国が参戦し、総計で約一億一千万人が軍隊に動員された。主要参戦国の戦費は、米国の三千四百十億ドル、ドイツ二千七百二十億ドル、ソ連一千九百二十億ドル、英国一千二百億ドル、イタリア九百四十億ドル、日本五百六十億ドルを数えるなど、総額一兆ドルを超える膨大な額に達した[62]。

米国とソ連は戦争の帰結に決定的な影響を与えたので、両国の欧州における影響力は極めて

62）https://ja.wikipedia.org/wiki/第二次世界大戦

大きなものとなった。

●マーシャル・プラン

マーシャル・プラン（Marshall Plan）は、第二次世界大戦で被災した欧州諸国のために、米国が推進した復興援助計画である。提唱者の国務長官ジョージ・マーシャルの名を冠してこのように呼んでいる。マーシャル国務長官は、計画を推進した功績によってノーベル平和賞を受賞した。

このプランに応じた西欧十六カ国は、復興四カ年計画と援助所要額をまとめた報告書を共同で作成して米国の援助を仰ぐと共に、援助受け入れ機関として欧州経済協力機構（ＯＥＥＣ）を設置した。援助は旧敵国（枢軸国）にも供与された。

マーシャル・プランは西欧諸国の戦後復興に一定の貢献をし、また米国企業には巨大な欧州市場を提供した。ソ連及び東欧諸国は計画に参加せず、欧州の東西分断が加速した。しかし、その一方で西欧諸国間の統合への動きは急速に進展した。この計画が終了する一九五二年中ごろまでの米国による総援助額は約百三十億ドルに達し、その大部分はイギリス、フランス、イタリア、西ドイツ、オランダに供与された。

米国は、前半期に無償贈与を中心に百億ドルを超える援助を供与したが、後半期には軍事援助に重点が移った。反面、この援助額の約七十％が米国の余剰農産物やその生産品の購入にあてられ、その結果として輸出市場の拡大、西欧諸国に対する影響力の強化に大きく寄与することになった。その後の援助の大部分は軍事援助の色彩を帯び、北大西洋条約機構（NATO）成立への経済的基盤づくりがなされたのである。

その後、欧州における米国のプレゼンスとドルが強くなり過ぎたのを警戒した欧州諸国が、共同してEC（冷戦期にEEC・ECSC・Euratomを統合運営）を形成し、それが現在のEU（European Union）に発展したことは良く知られている通りである。

■終戦へ

●本土上陸壊滅作戦

大東亜戦争の終結に向けての連合国の見解は、日本を再び立ち上がらせることのないように本土上陸作戦を敢行して日本を壊滅せしめることが必要であるというものであった。米の統合参謀本部が中心となって一九四五年二月のヤルタ会談直前に次の通りの作戦の骨子が完成した。

マスタープランは「**ダウンフォール（滅亡）作戦**」と名付けられ、幾つかの作戦計画からなっていた。「**オリンピック作戦**」（九州南部への上陸作戦）、「**パステル作戦**」（日本軍の兵力を上海や高知県に誘導させる陽動作戦）、及び「**コロネット作戦**」（関東地方へ上陸する作戦で、ノルマンディー上陸作戦をはるかに超える規模）等である。

ところが被害予測の段階で、それまでの日本軍の玉砕も厭わない戦いぶりや特攻隊からの被害実績から判断すると、連合国側は百万人以上という途方もない人命損失を覚悟せねばならないことが明らかになった。そこでトルーマン大統領は本土壊滅作戦の破棄を決定せざるを得なくなった。

後述する通り、トルーマンはポツダムでの会議中にトリニティ原爆実験の成功の報を聞いた。そして、日本をソ連の助力なしに英米のみで日本を屈服させることが可能になったと判断して、それまでは消極的だった原爆投下を検討するに至った。この間、マッカーサーは強硬に本土上陸による日本壊滅作戦の実施を主張して、その必要は無いとするアイゼンハワーと対立した。この事実は日本国民として脳裏に刻み込んでおくべきである。

日本が蒙った多くの痛ましい犠牲（ガダルカナル戦以降の沖縄戦にいたる玉砕戦、特攻隊等）は、決して犬死などではなかったのだ。日本の軍人が大東亜戦争を必死に戦ったおかげで、日本は壊滅せずに済んだものだし、アジア諸国が独立を果たすことが出来たのである。これが大東亜戦争の世界史的における「虹」だったと考えるべきである。

●原爆開発のマンハッタン計画

米国の原爆開発計画である「マンハッタン計画」は、一九四二年の八月、ルーズベルトの主導によって科学者、技術者と軍を動員して極秘裏に始まった。ナチスの迫害から逃れた亡命ユダヤ人物理学者レオ・シラードらが、アインシュタインの署名を借りてルーズベルト大統領に信書を送ったことがアメリカ政府の核開発への動きをうながす最初のものとなった。

このことから、一部には原爆開発の引き金はアインシュタインが引いたと信じられているが、アインシュタインは核によって人類の存在さえもが危険にさらされることを懸念していたため、以降は、アインシュタインはマンハッタン計画には関与していない。米政府からも警戒されて、実際に計画がスタートした事実さえも知らされていなかった。総括責任者にはレズリー・グローヴス准将（後、中将）が、技術開発の総責任者にはロバート・オッペンハイマー博士が、それぞれ任命された。計画には英国とカナダも参画している。

なお、原爆投下を決意して命令を下したのはトルーマンではなく、総括責任者のグローヴス准将であるとの珍説が、ＮＨＫ（ＢＳ１スペシャル）で二〇一六年と二〇一七年一月の二度にわたってまことしやかに放送されたが、もちろん事実ではない。後述するように終戦後のソ連と米国の勢力均衡問題が原爆投下の可否検討の大きなポイントの一つであったが、ポツダム会談にも出席をしていない立場のグローヴスが、国家の最高戦略に関わりかつ先輩将軍達多数の大反対を押し切って原爆投下命令を下すなどということはあり得ない。

マンハッタン計画には当時の金で二十億ドルという途方もない金額がつぎ込まれた。米最大の軍需会社ゼネラル・モーターズ社の一九四四年度の年間総売上げが三十億ドルだったのだから、如何に大きな金額だったかがわかる。

ところがルーズベルトが一九四五年四月に急死してしまったので、計画は昇格したハリー・Ｓ・トルーマン新大統領に引き継がれた。ルーズベルトは秘密主義者だったので、この計画は副大統領

ハリー・S・トルーマン

にさえも知らせてなかった。トルーマンは、バーンズ国務長官とスティムソン陸軍長官からはじめてマンハッタン計画、更にはヤルタ会談における密約の存在を聞かされて大いに驚愕したという。

トルーマンは、ルーズベルトが生前にスターリンと親しく通じていたことに対して非常に批判的であった。特にヤルタ密約については、米国がスターリンの策謀に乗せられてしまったと考えたくらいである。

ヤルタ会談とは、一九四五年二月にクリミア半島のヤルタで行われた米・英・ソの三国首脳会談である。ルーズベルトはスターリンに対してドイツ降伏後三カ月以内に対日戦争に踏み切るように要請していたのだが、トルーマンはこれを知らなかった。

スターリンはこれに応じて、日ソ中立条約を破棄して対日戦争に踏み切ることを約束したが、その見返りとして、南樺太の奪還、大連港の国際化、旅順口の租借権、満鉄などソ連の旧権益を回復、千島列島の併合、モンゴルの現状維持、などの多方面にわたる権益を要求した。

米国と英国は、この要求を後に蔣介石の了解を得るという条件で承認した。北方領土問題の遠因はここにある。米英両国も共犯（?!）であったのだ。

●日米戦争終結への経過（ポツダム宣言とトリニティ原爆実験）

日本がポツダム宣言を受諾して戦争が終結した要因として、「原爆投下」と「ソ連の参戦」の二要素が大きかったとされる。これらについては、米国とソ連との間での、終戦後の秩序における力関係と勢力配置を巡る、微妙な駆け引きが関係していた。

当初トルーマンは、ルーズベルトがスターリンと交わしたヤルタ密約を踏襲してソ連の早期参戦を受け入れる方針でいた。それは日本を降伏させるためにはソ連の参戦が不可欠であり、参戦しさえすれば日本は必ず早期に降伏すると踏んでいたからである。

ところが、後述するようにポツダム会談（一九四五年七月一七日〜八月二日）の途中で、**原爆実験（一九四五年七月一六日のトリニティ原爆実験）が大成功であった**との報告に接するや、トルーマンは大喜びをして態度を一変させた。今や**ソ連の参戦を促す必要はなくなった**からである。以後の対ソ連外交方針と原爆に関する方針が大転換を遂げた。

なお、トリニティ原爆実験とは、ポツダム会談開始の前日に米ニューメキシコ州で行われた人類最初の核実験である。後に長崎に投下された爆縮型[63]プルトニウム原子爆弾の実験で、この核爆発は約二十キロトンのＴＮＴ火薬の爆発と同規模のものと見積もられた。

63）爆縮型プルトニウム原子爆弾：中心部のプルトニウムに周囲から強い力を均等にかけて圧縮することにより核分裂反応を起こして超臨界状態にする方式の原子爆弾。周囲から圧縮をかけることをインプロージョン（爆縮）という。プルトニウムの周囲全体に均等な力を同時にかけて、しかも圧縮力が逃げないようにするために、燃焼速度の速い火薬と遅い火薬を組み合わせる方法（爆縮レンズの原理）が採用されている。これにより球形のプルトニウムの全ての位置に強い圧縮力と、その伝わるタイミングが完全に一致するようになった。

放射能を帯びたガラス質の石からなる深さ三メートル、直径三百三十メートルのクレーターが残された。爆発の瞬間、実験場を取り囲む山々は昼間よりも明るく照らされ、爆発の熱はベースキャンプの位置でもオーブンと同じくらいの温度に感じられた。この核実験を以って「核の時代」の幕開けとなった。

今や、トルーマンはソ連参戦よりも先に米国が原爆投下を行って、その効果によって日本を降伏せしめたかった。ソ連参戦が日本降伏の決定的な要因となることによってソ連の発言権が増すことを何としても防ぎたかったのである。これはルーズベルトのソ連に対する姿勢を修正するものであった（前述のNHK特番によるグローヴス准将が原爆投下を決断して命令を下した、などという珍説が如何に根拠がないか、これだけでもわかる）。

そのためには、**第一に日本があまりに早くポツダム宣言を受諾してしまっては、原爆投下の機会を失うことになるので、ポツダム宣言には日本が受諾しやすい部分（皇室護持を認めることを仄めかす等）を入れないこと、第二には原爆投下を行ったならば直ちに日本がポツダム宣言を受諾するように持ってゆくこと、そして第三には、ソ連の参戦をできるだけ遅らせて手柄を立てさせないようにすること**が必要であった。

もちろんソ連はすぐにトルーマンの方針変更に気が付いた。スターリンはポツダムから帰国後に、何故米国のトリニティ実験の結果についての報告がなかったのか、何故それによる米国の姿勢の変化の可能性の分析が行われなかったのか、と部下を叱責して荒れ狂ったとのことである。そして、かくなる上は何としてでも原爆投下が行われる前に対日参戦できないかと検討をしたのだが、日程的にどうしても無理であった。**かくしてソ連は日本がポツダム宣言を受諾した後も、それを無視して対日戦を続行するのである。**

●ポツダム宣言

ポツダム宣言の草案は複数の関係者の手になるものだが、中でも主になったのはヘンリー・スティムソン陸軍長官だ。文面は米国が作成し、英国が若干の修正を行い、トルーマンが三人分の代行署名をした。ソ連のスターリンは後日これを追認（ソ連の対日宣戦布告を参照）した。全十三条から成る宣言である。

当初の草案には「天皇の地位保全を考慮する」旨を示唆する表現があった。しかし、トルーマンはこの部分を削除してしまった。このままでは日本が降伏を受諾しやすくなると思われるので、もし原爆投下をする前に日本が同宣言を受諾してしまったら原爆投下の機会が失われることを危惧したものだ。

こうして作成されたポツダム宣言は、昭和二〇（一九四五）年七月二六日に、米国のトルーマン大統領、英国のチャーチル首相、及び中華民国の蒋介石主席の連名で、日本に突き付けられた。

その終章の第十三条[64]は、「我々は日本政府が全日本軍の即時無条件降伏を宣言し、また

64）ポツダム宣言第十三条原文：We call upon the government of Japan to proclaim now the unconditional surrender of all Japanese armed forces, and to provide proper and adequate assurances of their good faith in such action. The alternative for Japan is prompt and utter destruction.

その行動の信頼性について日本政府が十分に保障することを求める。これ以外の選択は迅速かつ完全なる壊滅（utter destruction）を意味する」となっている。最後の〝迅速かつ完全なる壊滅〟なる文言が意味したのは、トリニティ原爆実験の成功を踏まえた原爆投下をするぞとの恫喝であった。日本政府は、八月一四日のポツダム宣言受諾により、九月二日には東京湾内に停泊する米戦艦ミズーリ号で重光葵全権、梅津美治郎大本営全権、及び連合各国代表が宣言の条項の誠実な履行等を定めた降伏文書に調印した。

終戦後に**ＧＨＱが行った言論統制や押し付け憲法の制定は、このポツダム宣言にも、更には降伏文書にも違反するものであった。**ポツダム宣言は第十項で「日本人を民族として奴隷化しまた日本国民を滅亡させようとするものではない。捕虜虐待を含む一切の戦争犯罪人は処罰されること。民主主義的傾向の復活を強化し、これを妨げるあらゆる障碍は排除されるべきこと。**言論、宗教及び思想の自由並びに基本的人権の尊重は確立されること**」と規定しているのだから、明らかにＧＨＱの言論統制も、また押し付け憲法の制定も、言論と思想の自由を保障したポツダム宣言違反であった。

ＧＨＱによる「原論の自由」の禁止が行われていたことは秘中の秘であったから、占領期間中は一般の日本国民は全く知らなかった。また、当時の占領軍と日本政府の力関係からいって、それに抗議することは不可能であった。

●原爆投下の決定

トルーマンは原爆の残酷さを理解していたので、これを使用することを躊躇していた。しかし人種差別主義者のジェームズ・F・バーンズ国務長官が原爆投下をトルーマンに強力に進言したので、トルーマンは原爆使用の可否、および使用する場合のタイミング等を前向きに検討するようになった。ただし、トルーマンは原爆投下の可否とタイミングは、対ソ連方策との兼ね合いの中で慎重に検討する必要があると考えた。

対日戦遂行の最高幹部であるスティムソン陸軍長官、フォレスタル海軍長官その他の多くの軍の高官は、原爆という非人道的爆弾の使用には反対であった。アイゼンハワー将軍も対日戦の見通しからいって原爆の使用は不要であると言明した。米国太平洋艦隊司令長官チェスター・ニミッツ提督も都市への投下はすべきではないとして、代わりに北マリアナ諸島のロタ島（テニアン島の近く）への投下を提案した。軍の首脳の多くは、対日戦争を早期に終結させるためであるならば、他にいくらでも有効な手段（例えば天皇制を維持することの可能性を仄めかす等）があることを進言していたのである。

ダグラス・マッカーサー南西太平洋方面連合軍総司令官も、当時の日本の実情から考えて原爆投下は不要であると考えていた。しかし、投下の決定を知ったのは原爆搭載機のエノラ・ゲイが飛び立つわずか二日前であったので、反対の意見具申が間に合わなかった。

結局、日本への原爆投下はトルーマン大統領の意思により、こうした反対を押し切って実行された。八月六日に広島に投下された原爆は、ウラン型の「リトルボーイ」、三日後の九日に長崎に投下されたのはプルトニウム型の「ファットマン」（最初の攻撃目標である小倉に投下できず、目標を長崎に変更）で、広島では十四万人以上、長崎では七万人以上が直接の死亡者になった。後日の放射線障害による死亡者を含めれば三十万人以上になる。なお、米国の高校の教科書に記載されている犠牲者の数は、その半分程度の人数である。

原爆投下は重大な国際法違反である。前に述べた通り、戦時国際法によれば、①一般市民、非戦闘員に危害を加えてはならない、②軍事目標以外を攻撃してはならない、③不必要な苦痛を与えるような残虐な兵器を利用してはならない、④捕虜を虐待してはならない、ことになっている。

後年、日本の司法も原爆投下を国際法違反であると断罪している。昭和三〇（一九五五）年に広島と長崎の原爆被害者が、国を被告とする裁判を東京地方裁判所に提起した。「米軍の原爆投下は国際法に違反する不法行為であるので、原爆被害者は米国に対して損害賠償請求権があるにもかかわらず、その賠償請求権をサンフランシスコ講和条約によって放棄してしまった日本政府は、被害者に対して補償・賠償をすべきである」というものだ。

審理に八年をかけて昭和三八（一九六三）年に東京地方裁判所は、原告の請求を棄却したが、米軍の広島・長崎への原爆投下は、国際法に違反すると判示した。原告の一人の下田隆三氏にちなんで「下田事件」といわれている。

裁判所の判断[65]について、松井康浩弁護士は次の通り述べた。「東京地裁は、原爆投下は国際法に違反するとしたが、原告の請求は棄却した。国際法の法主体は政府だけである。米国は軍の行動に対しての賠償請求権を認めていないし、日本の裁判所は米国政府を裁くことはできない。結局、原爆被害者は請求権をもたない。従って、原告は、サンフランシスコ条約で何も失っていないので、賠償も補償も請求できない[66]」という論理である。

しかし、この裁判のおかげで被害者を救済する国内法制の整備が進んだ。昭和三二（一九五七）年に「原子爆弾被爆者の医療等に関する法律」が、昭和四三（一九六八）年に「原子爆弾被爆者に対する特別措置法」がそれぞれ制定された。これらの法律は、平成六（一九九四）年に「原子爆弾被爆者の援護に関する法律」（被爆者援護法）に統合されて、原爆被爆者の救済に寄与している。

●トルーマンは日本がレイムダック状態だったのを知っていた

戦後、**トルーマン大統領は「原爆を投下しなければ、（戦争は継続して）米国人だけで百万人以上の犠牲者が出ていたであろう」**、「広島は陸軍の中心地、長崎は海軍と工業の中心地だったので攻撃目標となった」と強弁した。この犠牲者百万人という数字も、当初は「数多くの」という表現[67]に過ぎなかったが、徐々にエスカレートしていったものである。

トルーマンは、日本がレイムダック状態で和平を模索していたのを複数の情報ルート

65）下田判決全文：http://www.geocities.jp/bluemilesjp/genbaku.html

66）原爆判決への松井弁護士コメント：日本反核法律家協会（http://www.hankaku-j.org/data/jalana/130701.html）

67）原爆投下で死なずに済んだ米国軍人の数：昭和 20（1945）年 8 月 9 日のラジオ放送における大統領声明では「数多くのアメリカの青年」という表現だった。

を通じて知っていたのだから、この人命救済説は全くの偽りであった。日本政府は七月一二日に、佐藤尚武在ソ連日本大使宛に、「ソ連に和平の仲介を依頼する特使を近く派遣する予定であることを伝えるように」と打電した。その暗号電報は即座に解読されて、トルーマンに知らされた。このことは、米国陸軍大学のコンラッド・C・クレーン歴史研究所長が、論文『米国による日本及び朝鮮半島南部の占領[68]』の中で次のように書いていることによっても裏打ちされる。

日本が在ソビエト連邦の日本大使館を通じて和平の打診を行っているという驚くべきニュースを受けて、マッカーサー司令官とその部下たちが、日本政府の突然の崩壊や降伏に備えて、占領政策を至急に立案することになったのは明らかである。占領計画の第一版が公表されたのは、七月一六日で、占領軍としておよそ二十三個師団を投入することを想定したものであった。

つまり、米国は七月の時点で既に日本の降伏が間近であることを知って、占領政策の策定を急がせたのである。日本が既にレイムダック状態で和平を模索中だったのを明らかに知っていたのだから、**日本に対して停戦または降伏を勧告しさえすればよかった。終戦を早めるためと称して原爆を投下したり、国際法に違反して非戦闘員の大量虐殺をしたりする必要は**

68）コンラッド・クレーン『米国による日本及び朝鮮半島南部の占領』：
http://www.nids.go.jp/event/forum/pdf/2007/forum_j2007_07.pdf

全くなかったのだ。勿論、「正義の鉄槌」などではない。

原爆死没者慰霊のために建立した広島平和都市記念碑には「安らかに眠って下さい、過ちは繰返しませぬから」と刻んである。碑文は雑賀忠義広島大学教授の作だが、当時はこれをおかしいと思う人間はほとんどいなかった。しかし、インドのパール判事が広島を訪れた際にこの碑文について、「過ちとは誰の行為を指しているのか。原爆を落としたのは日本人ではないことは明瞭である」と、憤慨した。

広島市当局は「過ちは繰返しませぬ」の主語は日本人に特定したものではなく、米国も含めた全人類の想いであると説明し、作り直す予定はないと言っているが、詭弁である。誰が読んでも主語は日本人だし、米国と全人類を広島市が代表しているなどとは誰も思わない。早急に取り壊しを望む。

米国人の中でも原爆投下を非難している政治家は多い。次節で詳述するが、米国のフーバー第三十一代大統領は回想録『Freedom Betrayed（裏切られた自由）』を書いて、その中で多くの新事実を語っている。フーバーは、その中でルーズベルトが政治家として七年間の間に犯した十九の過ちを「第十八文書[69]」として記している。その第十七番目の過ちが原爆投下であると糾弾し、次のように述べている[70]（試訳：筆者）。

第十七番目の米国の政治家道の逸脱は、トルーマンが不道徳にも日本人の上

69）ハーバート・フーバー『裏切られた自由』875 ページ

70）フーバーが指摘する第十七番目の原爆投下の過ち：Seventeenth. The seventeenth wandering of American statesmanship was Truman’ s immoral order to drop the atomic bomb on the Japanese. Not only had Japan been repeatedly suing for peace but it was the act of unparalleled brutality all American history. It will forever weigh heavily on the American conscience.

に原子爆弾を落とす命令を下したことである。これは、日本が繰り返して平和を求めていた事実にもかかわらず行ったことである。それだけではない。それ自体で、これは米国の全歴史のなかで他に比較するもののないほど残忍な行為であった。それは永久に米国の良心の上に重くのしかかるだろう。

以上である。広島平和都市記念碑の「過ちは繰返しませぬ」の主語は、米国でなければならないのだ。

以上の通り、本項においては米国の数々の汚い所業を指摘したが、筆者はこれによって反米主義を助長しようとするものではない。各国がそれぞれの国益を主張する事、トランプがいう「アメリカ・ファースト」という事、及び、そうした国際関係の実像はこうしたものであることを指摘するものである。

その中で日本だけが謝罪を繰り返し、無駄な補償金を支払い、歴史の真相に目を瞑り、かつ米国が押し付けた憲法を有り難く七十年余もの間押し頂いてきたことの愚劣さを指摘するものである。

なお、余談になるが東京大学法学部の悪しき伝統を引き継いだ木村草太首都大学東京教授は、頻繁に「日本国憲法は米国に押し付けられたものではない」と主張している。しかし、日本国民が主権を失っていた占領期間中に、マッカーサーが自分の「条文案を日本が受け入れないと天皇制の維持は保証できない」と恫喝して、形式的に議会を通過させた憲法が押し付けではない、とはどのようなレトリックを駆使しても正当化できない。

昭和五五（一九八〇）年に、国連が「核兵器の使用は人道に対する罪悪である」と決議をするにあたって、日本（鈴木善幸内閣）は米国と共に反対票を投じた[71]。バカじゃないか‼ なんと情けないことだろう！ 日本民族の気概はどこにいったのだろう。なお、この決議は百十二カ国の賛成を得て承認された。

■ソ連参戦とその残虐行為

●歴史認識は事実の評価問題

話はヤルタ会談（一九四五年二月）からソ連侵攻（同年八月）までの戦争末期にさかのぼる。ヤルタ会談の時点では、日ソ間には、昭和一六（一九四一）年四月六日に締結した「日ソ中立条約」がまだ存在していた。この条約は、その満了の一年前までに終結を宣言しない限り、五カ年ずつ自動延長することになっていた。従ってヤルタ密約によってソ連が対日参戦するためには、**昭和二十（一九四五）年四月五日までに条約の終結を宣言し、なおかつその翌年の四月五日まで待たなければならない**はずであった。

日本の敗戦は避けがたいものとなり、前述の通り日本政府は佐藤尚武在ソ連日本大使宛に、「ソ連に和平の仲介を依頼する特使を近く派遣する予定であることを伝えるように」と

71）原爆の国連決議への反対投票：竹田恒泰「君は日本を誇れるか」雑誌『正論』2014年10月号58～59ページ

指示してあった。佐藤大使は、ソ連側にその趣旨を伝えて、その返事が今来るか今来るかと首を長くして待っていた。しかしヴャチェスラフ・モロトフ外相は言を左右にして佐藤大使との面談を先延ばしにしていた。結果論かもしれないが、**ソ連に仲介を頼むとは日本政府と参謀本部は驚くべき世界情勢音痴だった。**

実際は、東郷茂徳外相と関東軍の前線部隊はソ連軍の動きについての重大な情報を得ていた。昭和二〇（一九四五）年、在ケーニヒスベルク[72]日本総領事館が六月一日付で東郷外相あてに「ソ連は欧州戦の終了後に、対日攻勢に転じるとの確信を持った」旨の報告書を提出していた[73]。

報告書は、ソ連軍が極東に向け莫大な数の戦闘機や小型砲、軍用車を輸送している事実を報告し、かつソ連将校が「もし日本が満洲の放棄などの要求を拒否すれば、ソ連は満洲に大戦車隊で侵入するだろう」との話をしているのを聞いたと述べて、アジアにおける勢力を拡大するためにソ連は必ずその矛先を極東に向けると確信した旨を報告している。

更に、現地の関東軍の上村幹男中将第四軍司令官は、七月頃から絶えず北および西方面における情報を収集して独自に分析・研究を行って、八月三日にはソ連軍の対日参戦の準備は終了したと考えた。第四軍は直ちに対応戦備を整えた。そして**ソ連軍の侵攻は近日中に必至であると関東軍参謀本部に意見具申をした**[74]。

72）ケーニヒスベルク：現在のロシアのカリーニングラード。第二次大戦当時はドイツ領だったが、1945 年 4 月のソ連の攻撃で陥落した。
73）ソ連の対日参戦情報（産経新聞）2017.1.17：
http://www.sankei.com/politics/news/170112/plt1701120024-n1.html　他
74）ソ連対日参戦：https://ja.wikipedia.org/wiki/ ソ連対日参戦（Wikipedeia 参照）

しかし、この情報は、その内容の重大さにもかかわらず、何と握り潰されてしまったのである。参謀本部も外務省も揃いも揃ってこの頃から情報戦争音痴であったのだ。

昭和二〇（一九四五）年八月八日に至ってようやくモロトフ外相から佐藤大使にクレムリンに来るようにとの呼び出しがあった。ただし面会時間は延期されて午後五時（日本時間は午後十一時）とされた。佐藤大使は当然仲介打診の返事がもらえるものと思っていたが、モロトフ外相はなんと宣戦布告文を読み上げたのである。

その文面は概略、「日本がポツダム宣言を拒否したので、日本がソ連に打診してきていた和平調停の基礎は完全に失われた。日本のポツダム宣言無視を受けて、連合国は、ソ連に対して連合国の戦争に参戦して世界平和の回復に貢献することを提案してきた。ソ連政府はこれを受諾して、七月二六日のポツダム宣言に参加することを決めた。日本人を無条件降伏後の危険と破壊から救うためにソ連は対日参戦に踏み切る。以上によりソ連は翌九日から日本と戦争状態に入る」（以上、八月八日付の宣戦布告）というものであった。

ソ連はこの約一時間後のモスクワ時間八月八日午後六時（日本時間九日午前〇時）に武力侵攻を開始した。不意打ちの、だまし討ちもいいところである。しかも、その武力侵攻の理由は日本がまだポツダム宣言受諾を行っていないことを挙げているのだ。本当の理由はヤルタ会談でルーズベルトがスターリンに対日参戦を依頼して、戦後の利権を約束したからである。

八月一五日に日本がポツダム宣言を受諾したので、表向きの侵攻の理由が消滅したにもかかわらず、ソ連は侵攻をやめなかった。北方領土問題の真の原因は、ルーズベルトがヤルタ会談でスターリンに対して日ソ中立条約を破棄して早期に対日参戦するよう要請したことに発する。

ソ連第一極東軍部隊は八月一六日に南樺太へ侵攻し、八月一八日にカムチャツカ半島方面から千島列島に侵入し、八月三一日までに得撫島以北の北千島を占領した。ソ連第二極東軍部隊は、八月二八日から九月一日までの間に、北方領土の択捉・国後・色丹島を占領、九月三日から五日にかけて歯舞群島を占領した。いくら国際関係は力づくの世界であるといっても、「日ソ中立条約」の残存期間が存在しており、既にポツダム宣言を受諾（八月一五日）しているのに、国際法もヘッタクレもあるかとばかりの暴挙は目に余る。

ソ連は北方四島などに一方的に侵攻を続け、戦闘を停止したのは九月五日であった。日本がポツダム宣言を受諾してから実に二十日も経ってからである。なお、当時、日本の北方領土防衛部隊を指揮してソ連軍に甚大な損害を与えたのは、かのオトポール事件において多数のユダヤ難民を「ヒグチ・ルート」によって避難させた樋口季一郎少将であった。戦後、ソ連は中将に昇進していた樋口に恨み骨髄に徹したので戦犯として身柄を引き渡すように米国に要求したが、米国のユダヤ人協会が反対運動を起こしたのでマッカーサーがこれを拒否したという一幕もあった。

九月二日に東京湾内の米戦艦ミズーリ号上で降伏文書に調印した後にもソ連が侵攻を続けたことに対して国際的な非難が沸き起こった折に、ソ連は「これは日露戦争の報復である。今次の戦争においては、日ソ間の講和条約は結ばれていないのだから国際法上は戦争状態が継続しており、武力行使には何の問題もない」とうそぶいた。国際法上は「日ソ中立条約」の残存期間が存在していたのを忘れたのか。

また日ソ講和条約が結ばれていないのは、日本がポツダム宣言受諾後にソ連が北方領土に侵略した暴挙が理由なのだ。第一、ソ連が対日宣戦布告をしたのは、当時、日本がまだポツダム宣言を受諾していなかったのが理由だったのだから、自家撞着である。

とにかく、佐藤大使はこのソ連の突然の対日宣戦布告に驚愕した。しかし、その**前年にスターリンが革命記念日の演説において日本を侵略国と呼んで非難した等の兆候があったのだから、こうした反応くらいは予想できたはずではなかったろうか。**佐藤大使は直ちに日本の外務省本省に緊急打電をした。モロトフ外相は暗号を使用して東京へ連絡する事を許可したにもかかわらず、モスクワ中央電信局は受理した電報を日本電信局に送信しなかった[75]ので、佐藤大使の至急電は日本に届かなかった。モロトフとモスクワ中央電信局の連絡がうまくゆかなかったのか、モロトフに意地悪をされたのかわからないが、有効な条約を平気で無視するソ連だから何でもするだろう。

●ソ連のテロ行為

日本政府は佐藤大使の緊急電は受け取らなかったが、タス通信などの外電の報道によってソ連侵攻を知って、これを在外公館に通知した。日本の軍部は、満洲国境地帯の守備隊に、「直

75）『対日宣戦布告時、ソ連が公電遮断（英極秘文書）』産経新聞　2015年8月9日、及び外務省欧亜局東欧課による『戦時日ソ交渉史』

ちに邦人の保護をすること」、ではなく「至急に退却帰国すること」との命令を出したために、多くの現地の守備隊は日本人居留民に退避通知を出すことすらもせずに、さっさと退却してしまった。

当時の日本の最高戦争指導会議はポツダム宣言の受諾可否問題で紛糾して大混乱に陥っていたためとはいえ、驚くべきことに、このソ連からの宣戦布告にどう対応すべきかを討議さえもしなかった。実際問題としては米国のみが相手であれば本土決戦を行うにしても一応やりようはあったかもしれない。しかし百五十七万人ものソ連軍からの攻撃を背後に受けては、戦いようが全くなかった。

こうしたソ連参戦の動きを予想さえもしていなかった日本の情報戦争音痴ぶりには、あきれ返って嘆くしかない。諜報活動を無視または軽視してきた外務省の責任は重大である。しかし、その後の現在に至るまでの日本外務省の無能無策ぶりを見ていると、現在の外務省の責任者たちは、そうした事態の責任を自覚してもいないのではないかと疑われる。

難しい外交官試験をパスしただけで、記憶力が良くて上品なだけの坊ちゃん共に、こうした情報戦争などというドロドロした汚い、しかし国家の生殺与奪の運命を制するような仕事を担当させておいて良いものだろうか。

前述の通り、ソ連は対日宣戦布告に際してその理由として、日本がポツダム宣言を無視したこと、および連合国に参加を要請されたことを挙げたが、その後のソ連の行為は実質的にポツダム宣言とも連合国の行為とも何の関連もない単なるテロ行為であった。日本人居留民（ほとんどは婦女子）は何の警告も受けておらず警戒もしていなかったので、この突然の侵攻は青天の霹靂であった。

ウィリアム・ニンモ氏はその著書[76]の中で「満洲・北朝鮮・（旧）樺太におけるソ連軍の日本人虐待は、口ではいい表せないほどひどいものだった。暴行と強奪は日常的だった。そして残虐な行為を犯した。（中略）とくに野獣のように女性を凌辱し、生きているものは全て片っぱしから殺した。ソ連軍の兵士たちが日本の女性にしたことは、いまでもぞっとするほど残虐なものだった」と述べている。

特に葛根廟《かっこんびょう》事件の残酷さとすさまじさは無残というしかない。千数百名の婦女子が無残な方法で凌辱されて、なんとも残酷な方法で殺された。数多くの資料[77]が刊行されているので、どうか読者の方はそのうちの一つでも良いから目を通していただきたい。人間がかくも残虐になれるものかと、暗澹たる思いがする。

この葛根廟事件をどう理解したらよいのかを、是非とも「九条の会」の方々に説明して頂きたい。同会は「日本が戦争を放棄した平和国家であることがわかれば攻めてくる国はない」などとのたまっているが、当時の日ソ間にはまだ日ソ中立条約が有効に存在していた。それなのに、こうした事件が起こるのだ。日本国憲

76）ソ連軍の残虐行為：『検証・シベリア抑留』ウィリアム・ニンモ著　加藤隆訳　時事通信社　1991年3月

77）葛根廟《かっこんびょう》事件の資料：関連書籍（Wikipedia 参照）
大櫛戊辰『殺戮の草原 満州・葛根廟事件の証言』東葛商工新聞社　1976年8月
大櫛戊辰『わたしは、やっぱり中国のマーマ―ある中国残留孤児の記―』あらき書店　1985年
良永勢伊子『赤い夕日の大地で』読売新聞社　1986年12月
森留美子『母よ、友よ広野で眠れ―葛根廟事件の真相―』日中出版　1988年8月
藤原作弥『満洲の風』集英社　1996年7月
藤岡信勝、自由主義史観研究会『教科書が教えない歴史＜二＞』産経新聞社　1996年12月
大嶋 宏生『コルチン平原を血に染めて―少年の目撃した葛根廟事件―』全国興安会通信社 2000年8月
梁禮先・矢野一彌『満州鎮魂―引き揚げからみる戦中・戦後―』インパクト出版会　2001年1月
原田一美『烏雲物語―ホルチン沙漠に生きる中国残留日本人孤児―』徳島県教育出版　2001年3月
大櫛戊辰『炎昼―私説葛根廟事件―』新風舎　2006年9月
平松伴子『二人のドン・キホーテと仲間たち―中国・ホルチン沙漠緑化に挑む日本人―』まるひ書苑　2009年11月
下嶋哲朗『非業の生者たち―集団自決 サイパンから満洲へ―』岩波書店　2012年5月

法に何が書いてあろうとも関係が無いのではないか。浅学菲才の筆者には、九条の会は、人類の歴史を無視している、あるいは合理的思考のかけらもないノー天気も極まる人ばかりの愚劣な会であるとしか思えない。しかし、理性と知性を商売道具としているはずの知識人や有名な大学教授が多数名を連ねているのだから不思議としか言いようがない。

スターリンは満洲、北朝鮮、樺太を手中に収め、八月二三日には約六十五万人から七十万人に上る日本軍捕虜をソ連内の捕虜収容所へ移送して強制労働を行わせる命令を下した。ソ連は、捕虜を千名程度ずつのグループに編成して貨車に詰め込んだ。ソ連は、捕虜に対して収容所での苛酷な強制労働を強い、かつ共産主義教育を行った。これに同調した捕虜は仲間内で「民主運動」を行い、革命思想を持たない捕虜を「反動」「前職者」と呼び、執拗な吊るし上げや露骨な暴行を行い、日本人捕虜が日本人捕虜を殺してしまうこともあった。

一九四六年に至り、ようやく日本政府はアメリカを通じて抑留者の帰国を求めてソ連との交渉を開始した。同年一二月一九日に「ソ連地区引揚に関する米ソ暫定協定」が成立し、抑留者の帰国が始まった。

シベリア抑留問題では、当時ソ連と親しい関係にあった左派社会党の国会議員による視察が行われ、収容所その他の環境を視察した。視察はすべてソ連側が準備したもので、「ソ連は抑留者を人道的に扱っている」と宣伝するためのものであった。

視察団の団長だった**社会党の野溝勝参議院議員と、同じく社会党の戸叶《とかの》里子衆議院議員は、抑留**

者から真相を記した手紙を託されたが、帰国後に手紙を握りつぶし、国会では「とても良い環境で労働しており、食料も行き渡っている」と虚偽の報告をした。何十万という抑留者が帰国後にウソをついたことがばれるのはわかり切っていたのに、野溝、戸叶両氏が何故こんな嘘をついたのか誠に不可解である。

ソ連の正規軍兵士によるこうした残虐行為や、捕虜となった日本人のシベリアへの強制抑留等は、極めて残虐なテロ行為であった。シベリア抑留中には、過酷で劣悪な環境と強制労働が原因で約六万人の死亡者が出た。日本人はこういう人種が周囲に存在しているという事実の上に立って、現実的な安全保障策を考えるべきである。「平和、平和」と叫ぶだけの空想的平和主義者こそが最大の平和の敵なのだ。

●終戦に至る経緯

昭和二〇（一九四五）年八月六日に広島に原爆が投下されて以降、終戦に至るまでに日本が辿った経過を時系列で下記に再整理しておく。このように見ると、日本が何とか戦争の終結工作をする機会は、原爆投下以前にしかなかったことが良くわかる。

八月六日　ウラン型の「リトルボーイ」原爆が広島に投下された。
八月八日　ソ連が対日宣戦布告。

八月九日　ソ連が満洲に侵攻（宣戦布告の一時間後）。
八月九日　プルトニウム型の「ファットマン」原爆が長崎に投下された。
八月一四日　ポツダム宣言受諾を決断。日本時間午後十一時。
八月一五日　ポツダム宣言受諾を中立国を通して声明。
ラジオの玉音放送で日本の降伏を国民に知らせた。
八月一六日　ソ連が日本領南樺太へ侵攻。
八月一八日　ソ連が千島列島へ侵攻。
九月二日　東京湾内に停泊する米戦艦ミズーリ号上の降伏文書に調印。
九月五日　ソ連軍が停戦。

■日米戦争の総括

●講和条約と日米安全保障条約

米国では昭和二四（一九四九）年の秋からアチソン国務長官を中心として日本との講和のあり方の検討が始まった。日本でも、ソ連など社会主義国も含めた全面的な講和か、あるいは米英仏など西側諸国だけとの単独講和かが議論になった。政府は、冷戦の激化を考慮すると早期の単独講和しかないという立場を採った。

この時期に、安全保障論議に大きな影響を与えたのは朝鮮戦争である。一九五〇年六月に戦争が勃発すると、アチソン国務長官の下で長官顧問をしていたジョン・フォスター・ダレスが直ちに特使として日本を訪問した。そして対共産圏に対する自由圏諸国の共同防衛体制について、マッカーサー総司令官、および吉田茂首相と協議を行い、日本の再軍備が打診された。

吉田首相は、外ならぬ米国が日本の戦力保持を禁止したことを指摘して、再軍備をすることは断固として拒否した。しかし、軽武装の警察力を持つことまでは妥協した。吉田首相は、これにより以後の日本は経済の繁栄に集中することができたと自賛した。しかし長期的には、自分で自分の国を護るという民族の気概を失うという、極めて重大かつ深刻な〝精神の堕落〟を生むもととなった。

同年七月にマッカーサーは警察予備隊の創設を指令して、隊は八月には発足した。しかし、他の連合国は、これは日本の実質的な再軍備であるとして反対であった。米国は、連合国に対しては、「当時の在日米軍の大半は朝鮮半島に出動してしまって日本の防衛が手薄になるので、ソ連の侵攻を心配して、日本に実質的再軍備を促したもの」と説明をして了解を求めた。

それでもオーストラリア及びニュージーランドは強硬に反対した。そのために、米国は一九五一年に両国に対する米国の防衛義務を盛り込んだＡＮＺＵＳ条約[78]を締結して

78）ANZUS条約：Australia, New Zealand, United States Security Treaty。1951年に締結したオーストラリア、ニュージーランド及び米国間の三国軍事同盟。日本の再軍備や共産勢力の膨張に備えたもの。米国は両国にたいする防衛義務を負っていたが、一九八四年にニュージーランドが米国の核積載艦船の入港を拒否したために、怒った米国はヴァンデンバーグ決議を発動させてニュージーランド防衛義務を破棄してしまった。従って現在のANZUS条約は二国間の条約となっている。

両国を宥和せざるを得なかったほどである。結局、当分の間は日米間で協定を結んで、日本の安全保障を米国に依存せしめること、そのために日本国内に米軍を長期的に駐留させること、で連合国は合意した。米国は、一九五〇年二月に沖縄を恒久的な軍事基地として使用する方針をいち早く決心しており、それは一九五二年のサンフランシスコ講和条約の発効後に実現して現在に至っている。

そうした中で、丸山真男、大内兵衛、安倍能成、末川博らの学者・文化人の「平和問題談話会」は単独講和に反対して、全面講和を主張した。社会党も昭和二六（一九五一）年一月には「全面講和、再軍備反対、中立堅持、軍事基地反対」という、いわゆる「講和四原則」を打ち出して単独講和に絶対反対の声を挙げた。

東大の南原繁総長が全面講和論を説いたのに対し、吉田首相は「南原総長らが主張する全面講和は、学者が政治家の領域に立ち入るもので、〝曲学阿世の徒〟の空論である」と非難した。「曲学阿世の徒」という表現は当時の流行語となったものだ。

吉田首相は早期の単独講和を決心して、昭和二六（一九五一）年九月にサンフランシスコにおいて講和会議が開催されたのである。連合国のうち米軍の駐留等に反対したソ連、東欧諸国、インド、ビルマを除いて、四十八カ国が単独講和を支持して講和条約に署名した。講和条約は昭和二七（一九五二）年四月二八日に発効し、日本は独立したのである。

注目すべきなのは、サンフランシスコ講和条約の調印から約五時間後の午後五時からサンフランシスコの第六軍司令部プレシディオ（将校集会所）で**吉田首相が単独で日米安全保障条約（旧）に**

署名したことである[79]。米側の署名者がアチソン国務長官、ダレス特使に加え、民主、共和両党の上院議員を加えた四人であったのに比し、日本側は吉田首相ただ一人であった。

この調印は、前夜に米側から突然通告されたものであった。従って同条約は日本の国会でも委員会でも全く事前の協議や検討は行われなかったのである。とはいえ、講和条約第六条以下には、「連合国日本占領軍は本条約効力発生後九十日以内に日本から撤退する。ただし日本を一方の当事者とする別途二国間協定または多国間協定により駐留・駐屯する場合はこの限りではない」旨の記載があるので、吉田は、この安保条約は米軍駐留の延長を意味する現状追認の取り決めに過ぎないと判断したものだろう。つまり、吉田にとって講和条約と（旧）安保条約は不可分一体だったのだ。

ただし事後にこれを知った、苫米地義三らの国民民主党は講和条約には賛成したが、安保条約には批判的だった。後に首相になる中曽根康弘氏は当時、国民民主党の衆院議員であり国会での安保条約承認にあたり、欠席した。賛成できないとの意思表示だった。

吉田首相が独断で署名した（旧）安保条約の要点はその第一条[80]であった。それは日本は米軍の駐留の継続を認める義務を負うが米国は日本防衛の義務を負

79）日米安全保障条約への吉田首相の単独署名：http://www.nikkei.com/article/DGXNASFK19031_Q2A221C1000000/

80）（旧）安保条約の要点は第一条：平和条約及びこの条約の効力発生と同時に、アメリカ合衆国の陸軍、空軍及び海軍を日本国内及びその附近に配備する権利を、日本国は、許与し、アメリカ合衆国は、これを受諾する。この軍隊は、極東における国際の平和と安全の維持に寄与し、並びに、一又は二以上の外部の国による教唆又は干渉によって引き起された日本国における大規模の内乱及び騒擾を鎮圧するため日本国政府の明示の要請に応じて与えられる援助を含めて、外部からの武力攻撃に対する日本国の安全に寄与するために使用することができる。

わないというものだった。従って、実質的に米国に対する基地貸与条約の性格があった。ただし、「日本国における大規模の内乱および騒擾」が発生した場合には米軍がこれを鎮圧する旨の規定（内乱条項）があり、この面では、米軍の軍事的な占領の延長としての性格が残っていた。

このように講和条約では、日本の再軍備が制限されず、（旧）安保条約で日本政府による防衛の「効果的な自助」が謳われたのである。そして早くも昭和二七（一九五二）年には警察予備隊が改組された後、保安隊（現在の陸上自衛隊）と海上警備隊（現在の海上自衛隊）が創設された。

●フーバー元大統領の回顧録

筆者があたった資料の中で、日米開戦の事情について最も説得力があり、かつ貴重な新事実の指摘があると思った二冊がある。すなわちハーバート・フーバー第三十一代大統領の回顧録『Freedom Betrayed（裏切られた自由）』（以下、単に『フーバー回顧録』と称す）、及びハミルトン・フィッシュ元共和党党首の著書『Tragic Deception』である。

いやしくも日米関係を論じる人間にとっては必読の書と思う。後者については、拙著『ルーズベルトは米国民を裏切り日本を戦争に引きずり込んだ』（ハート出版）において詳細に解説して、疑問点についてはコメントを付したので、ご参照願いたい。

フーバーは、ルーズベルトの直前の大統領だが、一九二九年の大恐慌への経済対策に失敗したとして、当時は批判が大きかった。しかし、現在ではその功績が見直されつつある。本書は内容があ

ハーバート・フーバー

まりにも差し障りが多いというので生存中には出版されず、死後四十七年もたった二〇一一年に母校のスタンフォード大学出版部から刊行された。歴史家ジョージ・H・ナッシュの編集になるもので、一千ページ近い大著である。邦訳の刊行を強く期待している。

　これを読むと、**日米間の戦争を始めたのは日本ではなく米国であったこと、その元凶はルーズベルトであったこと、米国が如何にして日本を追い詰めていったか、等が良くわかる。**

　ルーズベルトは極端な人種偏見を持っていた。彼は開戦後に日系人の強制収容を行った折に「日本人の頭蓋骨は白人に比べ二千年ほど遅れている」と述べ、日本人への人種差別的な嫌悪感を隠さなかった。ルーズベルトにしてみれば、**日本人という劣悪な黄色人種が、米国より先にシナ大陸に進出したのが許せなかった**のだ。その上、満洲国を建国せしめて大東亜共栄圏構想などという妄言（?）を唱えて、白色人種がせっかく築きあげた植民地を解放してアジア諸国を独立せしめようなどと生意気なこと考えたことなどが我慢ならなかったのだ。

　日本との開戦はすべてルーズベルトの人種偏見、英仏からの欧州戦参戦の矢の催促、シナへの進出の遅れからのあせり、優秀な日本への反感、等々からくるものであったことが、フーバー回顧録には臨場感を持って語られている。

更に、対日経済制裁については、フーバーは次のように述べている。

米国は秘密裏にスターリンと同盟関係を結んだが、その一カ月後の一九四一年七月に、ルーズベルトは日本に対して全面的な経済制裁を行った。その経済制裁は、弾こそ撃たなかったが本質的には戦争であった。日本に対する石油供給停止を含むＡＢＣＤラインによるこの経済制裁は、戦争行為と何ら変わるところはない。

ルーズベルトが、当時既にスターリンと秘密裏に同盟関係を結んでいたという事実は、その後に日本が追い込まれた悲惨な運命という観点から極めて重大である。またルーズベルトが、ことさらに非難した〝宣戦布告なしの真珠湾攻撃〟などは、前述の通り、ずっと以前から米国がフライング・タイガーズ航空隊による戦争行為の「着手」（一九三七年から同航空隊の中国着任の間。真珠湾事件以前）という国際法違反の事実と比較すると、問題にもならない些事であった。

宣戦布告について言えば、米国が過去においてフィリピン、メキシコ、スペイン（キューバ）、ハワイに対して仕掛けた戦争においては、宣戦布告などは一回も行われたことはない。これらはすべて米国の帝国主義思想による侵略戦争で、米国として戦争を仕掛ける自衛上の必要性は、対日の場合と同様に皆無であった。

ハル国務長官もルーズベルトに劣らない人種偏見主義者だった。ハルノートは、それまでの日米間の交渉と合意の一切を踏みにじる一方的な内容で、シナ・仏印から即時完全撤兵をすること、及び蒋介石政権を支持すること、という条件だった。

それは全てを日露戦争の前の状態に戻すことを意味した。米国は、日本がシナ大陸の泥沼戦争に疲れ果てて大陸から撤退することを望んで、かなり以前から蒋介石政権を支援していた。しかし**ハルノートは、日本に受諾させるのが目的ではなく、交渉を決裂させて日本を開戦に踏み切らせるのが真の目的であった。**ルーズベルトはハルノートを承認して、「我々はなんとしても日本に最初の一発を撃たせるのだ」と言った。

フーバーは回想録で「スティムソン陸軍長官の日記が明らかにしたように、ルーズベルトとその幕僚は、日本側から目立った行動が取られるように挑発する方法を探していたのだ。だから、ハルは馬鹿げた最後通牒を出して、そしてわざと真珠湾で負けたのだ」と述べている。

なお、アラン・アームストロングはその著書、『「幻」の日本爆撃計画〜「真珠湾」に隠された真実』の中で、真珠湾攻撃の実に五カ月も前にルーズベルトが日本爆撃計画「JB―三五五」を承認していたと述べている。この計画は前述の通り、米国の爆撃機を中国に貸与し米人パイロットを中国に傭兵せしめて、中国から日本本土を爆撃しようというものだった。パイロットはシンガポールに集結して臨戦態勢にあったのだが、欧州戦線が緊迫したので爆撃機はそちらに回すべきであるとのマーシャル陸軍参謀総長の強い反対にあって、この計画は実施されなかった。

これは最近まで明らかにされていなかった事実だが、フーバーによれば、**近衛文麿首相は必死の戦争回避努力を行っていたが、一九四一年九月にはかなりの思い切った内容の和平提案を行ったとのことだ**（『フーバー回顧録』八百七十九ページ）。この近衛新提案は、満洲返還以外は米国が求めていた（とされる）ほとんど全てを実現できるものであって、フーバーの見るところでは満洲返還の可能性さえもあったという。**駐日の米国・英国の両大使はハルノートの趣旨はこれで達成できるとして、熱心に受け入れを求めた。**

しかし、開戦自体が目的であったルーズベルトは、あっさりとこれを拒否した。要するに米国としては世界戦略に着手するためには、米国民を憤激せしめて日本と戦争を始める機運を醸成する必要がどうしてもあったのだ。

更にこれもあまり知られていない新事実だが、**開戦直前の一九四一年一一月に、天皇陛下は駐日米国大使を通じて、三カ月間の冷却期間をおくとの提案をされた**（『フーバー回顧録』八百七十九ページ）とのことだ。当時、米軍当局はこの冷却期間の提案を受け入れるべきであるとルーズベルトに進言したが、開戦を焦るルーズベルトはこの提案にも聞く耳を持たなかった。

フーバー回顧録の第九文書（『フーバー回顧録』八百三十二～八百三十五ページ）には、一九四六年五月四～六日にマッカーサーと行った会談の模様が述べられているが、次のような記述がある。

私（フーバー）は、五月四日夜にダグラス・マッカーサー将軍と三時間、五月五日夜には一時間、更に五月六日の朝一時間、二人きりで話をして、次のことをマッカーサーに伝えた。

すなわち、私がトルーマンにあてて一九四五年の五月半ばにある覚え書きを提出したこと、その内容は、日本と和平を達成することができれば我々の主な目的は達成されるという内容であったこと、である。マッカーサーは、その通りだ、もしそうしていればすべての大損害、複数の原子爆弾、満洲へのソ連の侵入も避けることができたはずであると述べた。私（フーバー）は、この戦争の全体像は、戦争に入りたいという狂人（ルーズベルト）の欲望の反映であった（『フーバー回顧録』八百三十三ページ）と述べたところ、マッカーサーも同感した。更に一九四一年七月の経済制裁は挑発的であったし、それだけではなく、たとえ自殺行為になったとしても、その制裁が除去されなければ戦争をせざるを得ないという状態に日本を追い込んだということにも彼は賛成した。

制裁は、殺戮と破壊以外の全ての戦争行為そのものを実行するもので、いかなる国といえども、品格を重んじる国であれば、我慢できることではなかった。更にマッカーサーは言葉を続けて、ルーズベルトは一九四一年九月の近衛提案[81]に沿って和平を達成できたはずだったと述べた。もし、そうしていれば、太平洋とシナの自由、更に多分、満洲の自由も確保することができたと思われるので米国の目標を全て獲得することができたに違いない、とも述べた。また、マッカーサーは、近衛文麿は、天皇から、完全撤退に合意することの承認をもらっていたと述べた（筆者抄訳）。

米国としては、これらの開戦の経緯に関する国際的批判を避けるために、どうしても東京裁判を行って日本を悪者に仕立て上げなければならなかったのだ。

なお、フーバー回顧録以外にも、チャールズ・A・ビーアド博士らも日米戦争の真の責任はルーズベルトに率いられてきた米国にあると主張[82]している。ビーアドによれば、スターク海軍作戦部長が「対日石油禁輸は日本のマレー、蘭印、フィリピンに対する攻撃を誘発し、直ちに米国を戦争に巻き込む結果になるだろう」とルーズベルトに進言していたとのこと。ビーアドの論点は他にも多数あったのだが、彼の主張は米国の一般社会と歴史学界では「修正主義」という烙印を押されて受け入れられなかった。

しかし、オバマが大統領に就任してからの「米国の歴史を見直す」という潮流の中で、このフーバー、ビーアド、フィッシュ等の主張に理解を示す学者も、徐々にではあるが出始めていた。

オバマ前大統領は広島を訪問したが、日米開戦の経緯と原爆投下についてどう考えていたかは不明である。オバマは遺憾の意を表明したが謝罪の言葉はなかった。日本の歴

81）近衛提案：真珠湾攻撃の三カ月前の1941年9月に近衛首相が天皇陛下の承認を得て最後の開戦回避努力を行った。その中で満洲及び中国における殆どの利権を米国の要求通りに放棄する可能性すらも示唆していた。駐日の英米両大使もこれを受けるように進言したがルーズベルトは受け容れなかった。これは、フーバー回顧録により明らかにされた新事実と思われる。

82）チャールズ・A・ビーアド、開米潤・監訳『ルーズベルトの責任』藤原書店　2011年

代の為政者ならば、謝罪をして誠意を示すことは友好のための品格ある行動であると思いこんでいたから土下座していたかもしれない。次のトランプ大統領は、おそらく日米間の過去の歴史などには全く興味を示さないだろう。筆者は、大切なのは現在と将来なのだから、それでも結構、と考えている。今更、米国の痛い腹をキリキリとえぐって感情的に対立してもマイナス効果しかないからだ。

●日本は侵略をしたのか

前述（八十四ページ）の通り、日本の歴代の首相（安倍首相を除く）はいとも軽々しく「日本は侵略をした」と述べて反省と謝罪の言葉を口にした。一国の首相が自国のことを侵略国家と呼ぶことは重大なことである。平成二五（二〇一三）年四月二三日の参院予算委における丸山和也議員（自民）の質問に対して安倍首相は、「侵略という言葉の定義は学問的にも国際的にもまだ定まっていない。国と国との関係でどちらから見るかで違う」と答弁したが、正解である。

国連が侵略の定義を定めているという指摘を耳にすることがあるが、正しくない。第二章「侵略の歴史認識」において述べたように、一九七四年に国連総会で「侵略とは、国家による他の国家の主権、領土保全もしくは政治的独立に対する武力の行使である」との決議を採択した。しかし、採択した決議というのはこの案を安全保障理事会に回付しようというだけのものである。国際法の立法機関でもない国連がそのような定義付けを行う事は想定されていない。仮に採択を決議しても、学問的にも国際法的にも、かつ現実的にも通用していないのだから、確立した定義とは言えない。定義が存在しない以上、侵略論争は意味がない。

実際問題として、第一次大戦（一九一四〜一八年）当時までは、国際法などは無きに等しい状況であった。当時は有色人種の国は文明度の低い無主地と見なされ、植民地にするのも、住民を奴隷にするのも、また虐殺するのも、自由であるとされていた。これが当時の白人が勝手に定めた国際法の原則で、当時の欧米諸国は競ってアジアやアフリカ、南米などの有色人種の地域を植民地化して収奪し、住民を虐殺しまくり、奴隷化していったのである。それは、彼らによれば未開人の文明化に過ぎなかった。

これが国際社会の現実であり、正邪、善悪、当否、更には人間社会の倫理の埒外であったのだ。そうした中で、日本だけが東アジアを侵略したなどという虚構の批判を浴び、あまつさえ日本人自身が侵略をしたなどと自己申告をして、謝罪と賠償をして回っているが如きは崇高でも真摯でもなく、滑稽以外の何物でもない。

読者の中には、この部分は筆者の独善的な見解ではないかと疑いたくなる方もおられるかもしれない。しかし、これは事実である。どうかご自身で是非とも他の資料もあたってみていただきたい。

●人種差別

一五世紀半ばから一七世紀半ばにかけて、ヨーロッパ人によるインド・アジア大陸・米国大陸などの新大陸への進出が続いたので、この時代は「地理上の発見の時代」と呼ばれていた。さすがにそれではそれまでに住んでいた人間が人間扱いされていないことに気が付いて、今では日本では「大航海時代（増田義郎により命名）」と呼ばれるようになった。しかし、欧米諸国では現在でも「地理上の発見の時代」（Era of Discovery）と呼ばれているところが大多数である。教科書にもそのように記述されている。

余談だが、ハワイで観光ガイドが「一七七八年にジェームズ・クックがハワイを〝発見〟しました」と説明していたので、筆者が「到達しただけなのだから、〝発見〟はおかしい」と言ったら、ガイドからは「本当はそうなんですよね～」と軽くいなされてしまった。ガイドは、〝発見〟の説明を改めることはなかった。

日本もマルコ・ポーロによって〝発見〟された。マルコ・ポーロは『東方見聞録』を著して日本を次のように伝えている。「ジパングは、カタイ（シナ大陸）の東の海上千五百マイルに浮かぶ独立した島国である。莫大な金を産出し、宮殿や民家は黄金でできているなど、財宝に溢れている。人々は偶像崇拝者で外見がよく礼儀正しいが、人肉を食べる習慣がある」とのこと。我々の祖先が人肉を食べていたというのは、筆者は寡聞にして知らなかった。

一九一九年の第一次世界大戦後のパリ講和会議の国際連盟委員会において、日本は人種差別の撤廃を明記するべきという提案をし、日本の提案は十一票対五票で断然優勢であったにもかかわらず、米国、英国を初めとする白人諸国の反対により否決されてしまったのは前述（二十九ページ）の通りである。このように、当時の白人にとって人種差別は至極当たり前のことだったのだが、正義や倫理、人道や人種の概念までもが時代と環境によって変わるものなのである。

●日米戦争は日本の自衛戦争

日米間の戦争の本質は、第一義的には米国が欧州戦線に参戦するために米国内の反戦勢力を一掃しようと、ルーズベルトが真珠湾事件を演出して日本に対する反感を募らせようとしたものであった。第二義的には、米国がシナに対する侵略意図を実現するのに邪魔だった日本を排除するために仕掛けた戦争でもあった。

日米間の史実についてはこれまでに断片的に触れてきたが、この戦争は日本の真珠湾攻撃で始まったものではない。米国が先に対日戦争行為に着手したものであり、日本はルーズベルトの権謀術策に乗せられて戦争に引き込まれてしまったものである。この点は、日本人の罪悪感を払拭するために極めて重要なポイントなので、本節において詳述した。

日本人のトラウマは日米間の開戦の経緯に関する部分が多いので、ここに関連する史実の要点を☆印を付して重複をいとわずに記しておく。**こうした真相が教科書にしっかりと掲載されるようにならないと、日本人は自虐史観から脱却できないだろう。**

☆十九世紀末の時点で米国はシナ進出を図ろうとしたが、すでにシナにおける列強の権益はほぼ

確定してしまっていた。ジョン・ヘイ国務長官が、列強に対してシナ大陸の市場の「門戸開放と機会均等」政策を提案したが、列強からは一顧だにされなかった。

☆一九〇四～〇五年に日露戦争が起こって、セオドア・ルーズベルト大統領が日露和平交渉の仲介を行う中で、日本が清国から南満洲鉄道の権益を引き継ぐことを知った。これが米国のシナ進出へ足掛かりになると考え、彼は鉄道王ハリマンを日本に派遣して、南満洲鉄道の日米共同経営を提案して覚書まで作ったが、小村寿太郎がつぶしてしまった。

☆米国は国際法にも自国の中立法にも違反して、日本と交戦中の蒋介石政権に対していわゆる「援蒋ルート」を通じて軍需品や石油などの様々な支援物資を送り込んでいた。日本はこれをつぶすため、及び新たに石油資源を求めるために、仏印に進出してそれまで宗主国として植民地経営を行っていた仏を放逐した。

☆フランクリン・ルーズベルト大統領は宋美齢と蒋介石の要請を受け入れて、米国のシェンノートを指揮官とするフライング・タイガーズ航空隊を義勇軍の名目で蒋介石支援の為に中国に派遣した。シェンノートは一九三七年（盧溝橋事件が起こった年）に蒋介石の配下に着任した。表向きは健康上の理由で米空軍を退役したことになっているが、筆者は出向命令で現役のまま着任したと推測している（推測だから証拠はない）。若し本当に退役して中国空軍の顧問に就任しただけであれば、米国の対日開戦はフライング・タイガーズ航空隊の中国空軍への合流時点である。いずれにしても真珠湾事件以前である。

☆なお平成三（一九九一）年同航空隊の生存者が退役軍人として認められた。同部隊の実体は米空軍だったことを米国の国防総省自身が認めた。大東亜戦争における日米間の戦争の発端は真珠湾攻撃ではなかったことが明らかになった。

☆一九四〇年九月二七日に日独伊三国同盟条約が調印された。

☆一九四一年七月（真珠湾攻撃の五カ月も前）にルーズベルト大統領は、米国の爆撃機を中国に貸与して日本本土を爆撃せしめるという長距離爆撃作戦計画（ＪＢ—三五五）を承認していた。

☆一九四一年七月に、ルーズベルト大統領は日本に対して石油供給停止を含むＡＢＣＤラインによる全面的な経済制裁を行った。当時、日本は石油の約七割をアメリカから輸入していたので、この経済制裁は弾こそ撃たなかったが本質的には戦争行為だった。

☆一九四一年九月（真珠湾攻撃の三カ月前）に近衛首相が最後の開戦回避努力を行い、その中で満洲及び中国におけるほとんどの利権を米国の要求通りに放棄する可能性すらも示唆していた。然し、ルーズベルト大統領の真の目的は日本に最初の一発を撃たせることであったから、受け入れることはなかった。

☆開戦直前の一九四一年一一月に、天皇陛下は駐日米国大使を通じて、三カ月間の冷却期間をおくとの提案をされたが、開戦をあせるルーズベルト大統領は聞く耳を持たなかった。

☆一九四一年一一月二六日（日本到着二七日）にルーズベルト大統領は米議会や国民に知らせず

に独断でハルノートという最後通告を日本に突き付けた。その目的は日本に最初の一発を撃たせて開戦にいたることであった。

☆ハルノートを発した翌日の一一月二七日に、ルーズベルト大統領は「日米開戦の日が迫っているので戦闘準備をするように」との命令を全ての前線指揮官に発した。

☆しかし、在ハワイの太平洋艦隊司令長官ハズバンド・E・キンメル海軍大将、及びハワイ方面陸軍司令長官ウォルター・ショート陸軍中将に対しては意図的に情報が秘匿された。その為に生じた損害の責任を取らされてキンメルは少将に降格されて退役し、ショートも司令官を解任された。

☆しかし、その後の六十年近くもの間に実に十一回に及ぶ調査委員会や査問会議が行われて、遂に両名とも一九九九年に上院によって、続いて翌二〇〇〇年に下院によって、名誉が回復された。しかし、当時のビル・クリントン大統領も次のジョージ・W・ブッシュ大統領もこの上下両院の決議に署名をしなかった。

☆米国は連邦情報公開法（一九六六）による真珠湾事件に関する公文書の機密期間を、例外的に六十五年（通常は三十年）とした。しかし、二〇六五年まで待たなくても、真相は多くの研究によって徐々に明らかにされつつある。

☆かくして昭和一六（一九四一）年一二月八日に、日本は真珠湾攻撃を行うに至った。

以上の経緯に見る通り、日米戦争は明らかに米国が始めたもので、日本は力でねじ伏せられただけだ。米国は、東京大空襲や原爆投下を正当化するために日本を悪者に仕立て上げる他にはなかった。そのために、〝正義感に駆られて日本の侵略行為を懲罰する戦争を行った〟などというこじつけを行って、東京裁判とＷＧＩＰを実行したのだ。連合国の全てが古くからの侵略国家であったのだから、日本を懲罰する資格はない。

なお本項は日本人の罪悪感を払拭するために述べたもので、当時の国際関係はそういう時代であったことを強調したものだ。決して反米思想を煽るためのものではない。何度でも言うが、世界の平和と日本の安全保障のためには日米同盟を強固にして維持することが必要なのだ。

●日米間の歴史認識のギャップを如何に正すか

日本と米国は、過去の経緯に捉われて非難をしあうのではなく、互いに未来志向型の関係を築くべく努力をするべきだ。重要なことなので、重複を厭わずに再度述べておく。

日米関係の歴史認識の点については、米国は学問的分析の質も自浄能力も十分にあると考える。本書で指摘した新しい史実にしても、ほとんど大部分は米国の研究者が米国の連邦情報公開法（一九六六）及び各州の情報公開制度に従って次々に公開される資料や情報に基づいて明らかにしてきたものである。他国から触れられたくない米国の歴史的恥部を、日本がわざわざ指摘して政府間の喧嘩を売るようなことはすべきではない。

ただし、民間、アカデミズム、マスコミ、教育などの分野に於ける論争は、たとえ小さそうに見えるものでも、費用と手間をかけて丹念に一つずつ潰してゆく必要がある。日本はこうした情報戦争については全く手を付けていない。手を付けていないどころか、外務省は相変わらずの友好第一の穏便主義で、そうした動きの足を引っ張るだけである。まず、日本は「河野談話」のキャンセルから始めるべきだろう。

中・韓との慰安婦問題、南京事件、靖国神社参拝問題などをめぐるトラブルは、今や史実の〝歴史的解釈と評価〟をめぐる「歴史認識」の問題ではなく、情報戦争そのものなのである。米国民の間に広まりつつある「日本人は道徳的な欠陥を抱えている劣等民族である」という深刻な誤解は、絶対に正さなければならない。

このままでは、尖閣有事の場合でも米国民と議会は、不道徳な日本を支援するために日米安保条約を発動することには絶対に反対をするだろう（日米安保条約では、尖閣有事の場合でも米国は「遺憾である」との声明を発するだけでも、協定違反ではない）。

例えば、米国における慰安婦問題については、既にニュージャージー州、ニューヨーク州、カリフォルニア州、ヴァージニア州、ミシガン州等において十体を越える慰安婦像が設置されており、更に全米に広まりつつある。日本外務省の友好第一の穏便主義は、今や日本の安全を危険に晒しているのだ。

ロサンゼルス近郊のグレンデール市の公園に二〇一四年に設置された慰安婦像をめぐって、在米日本人の目良浩一氏が代表を務める市民団体「歴史の真実を求める世界連合会（GAHT）」が撤去を求めて訴訟まで行っている。残念だがカリフォルニア州裁判所では一審、二審とも訴えが退けられた。

そこで二〇一七年一月に日本人住民は米連邦・最高裁判所に上告した。一～二審の審理段階で、判事が「河野談話」を持ち出して性奴隷の根拠と見做したり、日本政府としては何の異議も唱えていないではないかと漏らしたりしたことを知ってか、日本政府は、従来までの態度をガラリと変えて異例の意見書（アミカス・キュリエ・ブリーフ[83]）を提出した。日本政府は同意見書で、米国政府は二〇一五年の日韓両政府による慰安婦問題についての「日韓合意」の成立を念頭において、米国は「同盟国である日韓両国のこの問題への外交的努力を支持してきた」と指摘した。そして「グレンデール市の慰安婦像は、米憲法が容認していない地方自治体の外交政策への容喙であり、米連邦政府の外交方針（日韓合意の支持等）からの逸脱である」などと批判した。

今まで足を引っ張るだけだった外務省が意見書まで提出したというのは、本件に関する日本政府の姿勢が劇的に変化したことを意味する。筆者は、最近の韓国の日韓合意破棄への動きをみて、流石に従来からの友好第一政策が通じない相手であることを思い知ったのではないかと見ている。しかし、残念なことに連邦最高裁は上告を棄却してしまったので、第二審のカリフォルニア州裁判決が確定した。

83）日本政府が最高裁に提出した意見書：http://gahtjp.org/?page_id=171、（英文）http://www.mofa.go.jp/mofaj/files/000231732.pdf
米国グレンデール市慰安婦像訴訟に日本国政府が意見書提出（外務省ＨＰ）：http://www.mofa.go.jp/mofaj/a_o/rp/page3_002006.html

州裁判所の判事も重視した「河野談話」については、これより先、国連の人権委員会は日本は悪事を行ったので罪を認めて謝罪したと解釈した。これが発端となって、国連人権委員会のクマラスワミ報告書[84]（一九九六年）及びマクドゥーガル報告書[85]（一九九八年）[86]が作成されたのである。

さすがに日本の外務省も、クマラスワミ報告書に対する日本政府の見解として四十ページに及ぶ反論書[87]を作成して、国連人権委員会に一旦は配布したのだが、会議直前に取り下げられてしまった。そして「もう日本は謝っており、アジア女性基金も作っている」という趣旨のものに差し替えられてしまった。慰安婦像推進者の後押しをするようなものだ。

当時は自民党の橋本龍太郎政権だったが、社会民主党、新党さきがけも与党として参加していた連立政権であったこともあって、反論書は承認されなかった。

せっかくの日本政府の意見書だったが、慰安婦問題はウソで固められたものであること、及び「河野談話」は当時の韓国側からの要請を受け入れた妥協の産物で内容は事実ではなかったこと、等については言及しなかった。これでは説得力もなかった。

結局、二〇一七年三月二七日に至って米国連邦裁判所は目良浩一氏によ

84）クマラスワミ報告書：国連人権委員会に任命された特別報告者、ラディカ・クマラスワミ氏が、国連人権委員会の1994年の決議に基づいて提出した女性に対する暴力と、その原因及び結果に関する報告書の通称。附属文書1において日本の慰安婦問題について日本を不当に厳しく糾弾しているが、吉田清治証言は信憑性に欠けると指摘している。（全文：http://www.awf.or.jp/pdf/0031.pdf）

85）マクドゥーガル報告書：一九九八年の国連人権委員会差別防止・少数者保護小委員会で採択された、ゲイ・マクドゥーガル氏による「武力紛争下の組織的強姦・性奴隷制および奴隷制類似慣行に関する最終報告書」。慰安婦問題についてクマラスワミ報告書と同様に日本を不当に厳しく糾弾している。慰安所（「強姦所」と呼んでいる）は性奴隷制度であり女性の人権への著しい侵害の戦争犯罪であり、責任者の処罰と被害者への補償を日本政府に求めた。

86）クマラスワミ報告書（1996年）及びマクドゥーガル報告書（1998年）：第三章・第二節の「国際司法裁判所に提訴を」（232ページ）参照

87）反論書：前篇が雑誌『正論』2014年6月号に、後編が同7月号に分けて、全文掲載されている。

る上告を棄却したが、理由は示されなかった。米国の法曹関係者によると米国連邦裁判所では上告が認められるケースは少ないとのことだ。しかし日本政府として、もし本気で意見書を通すつもりならば、使節団でも派遣して本件は虚構に基づいたものであることを説明して証拠を提示するくらいやって貰いたかった。

本件についての一般の米国民の印象は極めて日本に不利だ。米国の高校の教科書にも米高校入試にも、慰安婦や南京事件についての虚偽の記述が取り扱われている。米の大手教育出版社のマグロウヒル社のものには、南京事件について「日本軍は二カ月にわたって七千人の女性を強姦」、「日本兵の銃剣で四十万人の中国人が命を失った」などという記述があるという。試験でも「虐殺で何人が犠牲になったか」という驚くべき設問があり、答えを「二十万人、三十万人、四十万人」の中から選ばせるようになっている。

こうした教育で育った国民が米国の世論を形成しつつあるという現実を日本政府はしっかりと見据えて、早急に情報戦争対策を取るべきである。

五百億円もの予算をかけてジャパン・ハウスを世界六カ所に建設して、日本のアニメや漫画などの魅力を発信する事業が進行中だが、そんなのんびりしたことをやっている場合だろうか。日本のアニメや漫画などの文化の推進が必要ではないと言うつもりはないが、緊急度が違うのではないか。

第二節　日韓関係

■韓国は日本のお蔭で独立国でいられる

●併合は韓国の起死回生のための慈雨

日本は韓国を併合するにあたって、韓国を侵略する動機も野心もなかった。当時の李朝末期における韓国には統治能力が欠落していたために、統一国家の体をなしていなかった。財政的にも、高宗の妃である閔妃が関税権までロシアに売り渡していたほどであるから、国庫はほとんど空で借金まみれであった。

衣服も染色技術がないから白色のみであった。TVの韓流ドラマでは、宮廷の男女が色とりどりの煌びやかな衣装で登場するが、全てウソである。韓国は、「日本は韓国を植民地化して収奪を目論んだ」と執拗に非難するが、**当時の韓国には日本が収奪したいと思うような産業も技術も資源も皆無であった。**韓国には、こうした真実を明らかにする歴史学者は一人もいないのだろうか。

一九世紀末期の李氏朝鮮は、当時の清国からの藩屏《ハンペイ》（直轄の属領）要求におびえ切っていた。そこに明治二七～二八（一八九四～九五）年の日清戦争が起こったのである。これは日本と清国の間の朝鮮半島をめぐる戦争であったが、幸いにも日本が勝利して下関条約を結んだので、清国から朝鮮に対する属領要求の心配はなくなった。

下関条約の第一条は、「清国は朝鮮国が完全無欠なる独立自主の国であることを確認し、独立自主を損害するような朝鮮国から清国に対する貢・献上・典礼等は永遠に廃止する」というものだった。これにより朝鮮の独立と近代化が確保されたのである。

日韓併合は韓国側の熱心な要望に応えて、日本政府が自国の自衛にも通じるとの認識で、日本国内の反対を押し切って受け入れたものだ。韓国は今や反日一辺倒だが、シナの属領になりたかったとでも言うのだろうか？

更にロシアの南下政策も、韓国にとっても日本にとっても大きな脅威であった。もし明治三七～三八（一九〇四～〇五）年の日露戦争において日本が勝利しなかったならば、朝鮮半島は完全にロシアの領土になっていたはずだ。韓国はロシアの属領になりたかったとでも言うのだろうか？

韓国が現在、中国やロシアの属国にもならずに独立を保っていられるのは、日本が日清戦争と日露戦争に勝利したことと、日韓併合によって韓国を保護国として産業を興し経済力をつけさせたたことによるものだ。勿論、日本自身としても清国の攻勢とロシアの南下勢力に危機感を覚えて、これに対抗する体制を整えたいという自衛の動機があったが、韓国人にはこうした〝歴史の虹〟をしっかりと認識してほしいものだ。

●伊藤博文暗殺事件

一九〇九年一〇月二六日、枢密院議長だった伊藤博文元首相は、満洲・朝鮮問題に関してロシア蔵相ウラジーミル・ココツェフと会談するためにハルビンに赴いた。駅頭で群衆を装って近づいた安重根が銃撃して、伊藤は約三十分後に死亡した。安重根は、裁判を受けて翌年死刑となった。

ところが、伊藤の体内から摘出された弾丸は安重根のブローニング拳銃のものではなく、長いフランス製のカービン銃のものだった。弾道も右肩から斜め下に撃ったものであることが後日に判明した[88]。安重根は、中腰になって低い位置から上向きに射撃をしている。従って安重根が拳銃で襲撃を実行したのは間違いないが、殺害の真犯人ではなかったのだ。

日本の外務省外交史料館収蔵の資料「伊藤公爵満州視察一件[89]」によれば、真の凶行の疑いがあるものとして、安重根を含む二十五名の名が記載されており、いずれも当時ロシア特務機関の影響下にあった「韓民会」のメンバーであった。真相はいまだに不明である。

伊藤博文が暗殺された翌日に韓国初代皇帝（高宗）は、伊藤を悼んで、概略次のように述べた。「伊藤は我が国に忠実と正義の精神で尽くしてくれた。（中略）伊藤ほど国際政治を理解し、東洋の平和を祈った者はいない。本当に伊藤は韓国の慈父だった。（中略）伊藤を失った事は、我が国だけの不幸ではない。暴徒が韓国人である事は、『恥ずかしさの極限』である」

なお二〇〇二年に、ロシア・ウラジオストクの国立医科大学構内に安重根記念碑が建てられたが、二〇一三年に撤去されて、現在では小さな空き地となっている。

88）犯人は安重根ではない？：http://historivia.com/cat1/ito-hirobumi/968/
89）『伊藤公爵満州視察一件』：http://historivia.com/cat1/ito-hirobumi/968/

●日本は合法的に韓国を併合した

当時韓国における最大の政党であった一進会は、一九〇九年一二月に「韓日合邦建議書（韓日合邦を要求する声明書）」を第二代皇帝純宗、第二代韓国統監曾禰《そね》荒助《あらすけ》、李完用首相に送った。この建議書の中で、一進会会長の李容九は会員百万人（実際は二十数万人と思われる）の総意と称して、次の通り述べた。

日本は日清戦争で莫大な費用と多数の人命を費やし韓国を独立させてくれた。また日露戦争では日本の損害は甲午の二十倍を出しながらも、韓国がロシアの口に飲み込まれる肉になるのを助け、東洋全体の平和を維持した。韓国はこれに感謝もせず、あちこちの国にすがり、外交権が奪われ、保護条約に至ったのは、我々が招いたのである。

第三次日韓協約（丁未条約）、ハーグ密使事件[90]も我々が招いたのである。今後どのような危険が訪れるかも分からないが、これも我々が招いたことである。我が国の皇帝陛下と日本天皇陛下に懇願し、我々も一等国民の待遇を享受して、政府と社会を発展させようではないか[91]。

このように一進会は正当な危機感を持ち、日本の韓国への貢献を高く評価して感

90）ハーグ密使事件：1907 年、オランダのハーグで開かれた第二回万国平和会議に大韓帝国（韓国）の皇帝高宗が密使を派遣して、第二次日韓協約（乙巳保護条約）の無効を世界に訴えた事件。大韓帝国は第二次日韓協約によって、外交権を日本に奪われており、独自に外交を行うことができなかった。密使の派遣を知った韓国統監の伊藤博文は、高宗の協約違反を口実に退位をせまり、皇太子を即位させた。この密使事件と統監による皇帝退位強制に対して大韓帝国の朝鮮人は憤激して抗議集会が大々的に催された。

91）一進会の要望：統監府文書 8、警秘第 4106 号の 1

謝の念を述べた上で、連邦形式の対等合邦を求めたのである。これに対して大韓協会や西北学会や天道教徒がただちに反対運動を展開した。韓国は、現在でもこの一進会の動きを強く批判し、建議書の作成には日本人の内田良平が関与していたのだから、〝お手盛り建議書〟に過ぎないと指摘している。

しかし、優れた比較文明論の研究者である呉善花拓殖大学教授は、「(李朝が自らの手で改革への道を潰してから）以後の李朝の韓国には、自主独立への可能性は全くなかった。**そこで登場したのが、李容九が率いる一進会だった。彼らは国家への要望から出発し、民族の尊厳の確保を目指して日韓合邦運動に挺身した。その結果は日本による韓国の併合だった**」と指摘した。

当時の日本は、韓国がしっかりした独立国家として機能することが日本の安全保障上不可欠と考えていた。そのため、日清戦争の講和のための下関条約の第一条で「清国は、朝鮮国が完全無欠なる独立自主の国であることを確認し、独立自主を損害するような朝鮮国から清国に対する貢・献上・典礼等は永遠に廃止する」と述べて、韓国の独立を清国に認めさせたほどである。もし日本が利己的な動機から韓国の植民地化を望んでいたのであれば、この時点で併合することができたはずだ。それをしなかったのは大韓帝国の自助自立を期待したからだ。

つまり、韓国内のロシア及び清国の属国化を恐れる李容九の一進会の勢力が日本に正式に要請してきたもので、韓国併合は合法的に行われた。欧米諸国の植民地主義とは全く異なる。日本は韓国から感謝されこそすれ、恨まれる筋合いなど全くない。

更に呉教授は「少なくとも民族の尊厳の確保に賭けて大アジア主義を掲げ、国内で最大限の努力を傾けた李容九らを売国奴と決めつけ、国内で表立った活動をすることもなく外国で抗日活動を展開した安昌浩や李承晩らを愛国者・抗日の闘士と高く評価するバランス・シートは、私にはまったく不当なものと思える[92]」と評価している。筆者も全く賛成である。

当時の李氏朝鮮は、財政的にも困窮を極めており、清国からの軍事干渉に悩んでいたので、日本に併合による救済の依頼を正式に出してきた。しかし、当時の日本側には、伊藤博文をはじめとして主として財政負担への懸念からの慎重論が強かった。

しかし、**ロシアの南下を食い止める必要性の見地から、結局は日本は韓国の要請を受け入れることにした。**かくして明治四三（一九一〇）年八月二二日に「韓国併合条約」が漢城（現在のソウル特別市）で寺内正毅統監と李完用首相により調印された。

日韓併合のおかげで、韓国は近代化を果たしたのであるから、日本は韓国から感謝されこそすれ、非難されるいわれは毛頭ない。**韓国は日韓併合について執拗に対日非難を続けているが、併合を依頼するに至った韓国側の事情に対する反省と、併合を依頼した当時の韓国政府を責めるのが筋だろう。併合依頼を受け入れてやって、多大の財政負担を行って産業を興し、教育制度を充実させてやった日本を恨んで非難するのは、全くの「お門違い」の逆恨みだ。**

●日本は韓国を植民地化して収奪したことはない

92）呉善花『韓国併合への道〜完全版』文春新書　2012年　219ページ

前出の呉善花教授は、当時の韓国側の資料も詳細に調べて、次の点で日本の朝鮮統治は西欧諸国の植民地統治とは全く異なるものだったという結論[93]を示している。要点をまとめてみる。

①日本は、西欧諸国が行ったような植民地を収奪して本国を潤すという政策は執っていない。それどころか、逆に多額の投資を行い、かつ赤字の補填まで行った。

②武力的な威圧を以て統治する政策は執られていない。警察官の八割は韓国人だったのである。

③文化・社会・教育の近代化を強力に推し進めた。日本統治時代とそれ以前の経済成長の差は歴然としている。更に、

④本土人への同化（一体化）を目指した。

日本の朝鮮統治は、西欧諸国による富の収奪を目的とした植民地経営とは根本的に異なっていた。日本の朝鮮統治は種々の産業を興したり、インフラを整備したり、文化の興隆を計ったりしたりで、財政的には大変な持ち出しであった。

朝鮮総督府の統計年報によれば[94]朝鮮の財政赤字は総額十七億七千万円（一九一一〜一九四一年）に達し、赤字分は日本から補填された。一九〇〇年頃以降に日本が投入した資

93）呉善花『韓国併合への道〜完全版』文春新書　2012年　226ページ
94）呉善花『韓国併合への道〜完全版』文春新書　2012年　233ページ

本は実に八十億ドルに達したという。

朴槿恵前大統領は「歴史を直視する」ことを日本に執拗に迫り、後任の文在寅大統領も日韓の間には歴史認識の問題があると指摘している。しかし、互いに直視すべき歴史の真の姿は上に述べた通りのものである。

●韓国は戦勝国ではない

韓国は、大東亜戦争中は日本の一部だったのだから、日本と戦争をするわけがない。韓国は、厚顔にも戦勝国としてサンフランシスコ講和条約に参加させてほしいと連合国に申し出たが、当然ながら連合国から一蹴されてしまった。

韓国が戦勝国であると主張する第一の根拠は、日本が韓国を併合したのは侵略であるので認められないということだ。何回も指摘している通り、この点については、日本は侵略などはしていないし、韓国から感謝されこそすれ文句を言われる筋合いは全くない。それに韓国は日本に対して独立戦争などをやったわけではないから、突然、「戦勝国」であると主張するのはさもしい限りだ。恥ずかしくないのだろうか。

彼らの第二の根拠は、日韓併合時代の韓国主権を引き継いだ正式の国家と称する「大韓民国臨時政府」が対日戦争を継続していたという驚くべき主張である。大韓民国臨時政府なるものが国際社会において国家として認知されたことはただの一瞬間もない。勝手に臨時政府という名前をつけただけで、その正体は李承晩らが一九一九年に上海の旧フランス租界に組織した小規模のゲリラ組織の本部に過ぎない。

■難航した日韓基本協定

●日韓の歴史認識の齟齬の原点

昭和二六（一九五一）年、大韓民国臨時政府の李承晩大統領は「対日講和会議に対する韓国政府の方針」を発表してサンフランシスコ講和会議参加への希望を表明し、なんと戦争賠償金までも要求した。そもそも韓国が日本に対して請求権を持つということ自体が解せない。更に厚顔にも戦勝国として条約に署名することまでも要求したが、さすがに英米両国はあきれて、これを拒否した。

米のジョン・フォスター・ダレス国務長官顧問は、梁裕燦《ヤンユチャン》駐米韓国大使に対して「日本と戦争状態にあり、かつ一九四二年一月の連合国共同宣言[95]の署名国である国のみが条約に署名するので、韓国政府は条約の署名国にはならない」と述べて、たしなめた。

そこで李大統領は、今度は日本政府との直接対話をさせて欲しいと希望し、米国も日韓会談を斡旋することを了承した。米国には日韓を分離させておいた方が良いとの考え方があったのだ。これによって日・韓の国交正常化交渉に向けて同年一〇月より予備

95）連合国共同宣言：1942年1月1日にアルカディア会談において、連合国二十六カ国（一部は亡命政府）が署名した共同宣言のこと。宣言では、各国が持てるすべての物的人的資源を枢軸国に対する戦争遂行に充てること、ドイツ、日本、イタリアと各国が単独で休戦または講和をしないことを明らかにした。この宣言が、その後創設された現在の国際連合の基礎となったので、いまだに国連憲章には敵国条項が残っている。

会談が開始された。しかし予備会談も、その後の本会談そのものも紛糾して、極めて険悪な雰囲気になった。当然のことながら日本には韓国は忘恩の徒としか見えなかった。

ともあれ連合国の斡旋により、日韓交渉が始まった。「日本国と大韓民国との間の基本関係に関する条約」(以下、単に「日韓請求権協定」と称す)は、昭和四〇(一九六五)年に、その他の複数の諸協定書と共に一括して結ばれた。当時の日本側の代表は佐藤栄作首相で、韓国側は朴正煕大統領だった。朴槿恵前大統領の父君である。

●難航した日韓基本協定会議

会談が進行中であったにもかかわらず、韓国は実力行使で李承晩ライン事件[96]を強行した。韓国が一方的に宣言したラインであったが、これに違反したとして民間の日本漁船が銃撃されて、第一大邦丸の船長が死亡した。更に韓国の民兵独島義勇守備隊が島根県の竹島に乗りこんで占拠してしまった。二国間の正式な会談中にこのような事件を起こすとは、韓国の「反日無罪」の風潮を反映したものだ。

一向に進展しない日韓交渉に苛立った米国は、ベトナム戦争の激化もあって昭和三九(一九六四)年の第七次会談以降は露骨に介入するようになった。この協定は両国間の合意に基づくという体裁をとっているが、実質的には米国の半ば強制的な介入

96) 李承晩ライン事件：昭和27(1952)年1月18日、大韓民国初代大統領・李承晩が海洋主権宣言を行い一方的に日本海・東シナ海に軍事境界線を設定し、これを排他的経済水域であると主張した。日米両国は「国際法上の慣例を無視した措置」として強く抗議した。その後の昭和40(1965)年に成立した日韓漁業協定によりラインは廃止されたが、それまでの十三年間に韓国による日本人抑留者は三千九百二十九人、拿捕された船舶数は三百二十八隻、死傷者は四十四人を数えた。

によって締結に至ったものである。

韓国側は本条約の締結により、「(日韓併合条約などの)過去の条約や協定は、〃締結の当時まで遡って〃無効である」と解釈している。これに対し日本側は、〃本条約の締結により〃「過去の条約や協定は、協定締結の現時点から無効になると確認される」という解釈をしている。この点が、その後の日・韓両国間の歴史認識の食い違いの出発点となっている。しかし、新条約が結ばれて、その〃解釈〃によって既に締結した条約が遡って無効になるなどという解釈は、法の遡及禁止原則から考えてもあり得ない。後述の反日「国民情緒法」による法治国家逸脱の兆候は、この頃から現れ始めていたのだ。

この日韓請求権協定には、「一九四五年八月一五日以前に生じた事由に基づくものに関しては、いかなる主張もすることができない」と明記してある。したがって、爾後、韓国と韓国人は日本と日本国民に対して賠償を要求することが一切できないはずなのだ。しかし、以下に述べるように韓国はこの協定に違反する数々の行為を恬として恥じないでいる。

●日本は筋を通して韓国は実を取った

この日韓請求権協定と同時に、日本は五十三億ドルに上る在韓日本資産(軍事資産を除く)と巨額の投資残を全て放棄して、その上に十一億ドルに上る無償経済援助を約した。当時の韓国の年間国家予算は約三・五億ドルであったから、無償援助額だけでも三倍に達する。放棄資産額と援助額を合計すると実に六十四億ドルになるから、当時の韓国の年間予算の十八年分以上もの巨額になる。**韓国はこれを使って後に「漢江の奇跡」と呼ばれる経済発展を実現した。**しかし韓国の教科書にはこの事実は記載されていないから、韓国民は誰も知らない。なお、この数字は一九〇〇年頃以降に日本が韓国に投入して消費された**八十億ドルにのぼる莫大な投資**は勘定に入れていない。韓国民には、この「漢江の奇跡」の原動力になった日本からの経済協力に対する理解もないし、もちろん感謝の念もない。日本人が、韓国人の執拗な反日運動はフェアでないと考える一因である。

この政治的妥協のきっかけは、一九六一年に朴正煕国家再建最高会議議長が訪日して池田勇人首相と会談した時にまで遡る。朴議長は、「請求権問題は賠償的性格でなく法的根拠を持つものに限ってもよい」と述べ、これを受けて池田首相も、「それならば法的根拠が確実なものに対しては請求権として支払い、それ以外は無償援助、長期低利の借款援助を考えてもよい」と述べて、経済協力方式による解決の方法もあることが提示された。

もっとも韓国内の報道において、これは朴政権が妥協したものと批判されたために、朴政権は請求権問題と「経済協力」は全く別々の問題であると説明した。したがって、日韓間には、この請求権問題と経済協力問題が法的に関連するものであるという認識の一致はない。もちろん韓国民は日本の経済協力などは知らないし、従って感謝の念もない。

■慰安婦問題

●朝日新聞の捏造報道

慰安婦問題も、南京事件問題や靖国神社参拝問題と同様に元々は日本側が火をつけたものだ。慰安婦問題は、これを朝日新聞が大々的に取り上げて炎上させて、日本民族の醜聞として世界的に広めてしまった。朝日新聞は後に記事を取り消したが、英文朝日は引き続き日本を貶める記事を世界に発信し続けた。

そもそもの発端は、共産党員だった吉田清治の売名的著作『朝鮮人慰安婦と日本人』（一九七七）と、それを連続記事として大々的に報じた朝日新聞だった。中でも火付け役になったのは、昭和五七（一九八二）年九月二日の朝日新聞大阪版に掲載された「私が朝鮮半島から慰安婦を強制連行した」という吉田清治の証言を扱った清田治史記者の記事だ。講演する吉田清治の写真とともに「済州島で二百人の朝鮮人女性を狩り出した」との話が紹介されている。

昭和五八（一九八三）年には吉田清治の第二作、『私の戦争犯罪〜朝鮮人強制連行』（三一書房刊）が出版された。済州島における「慰安婦狩り」の様子が生々しく詳細に描写されている。これも同年の一一月一〇日には清田記者によって朝日新聞全国版で紹介された。

吉田清治のこの著作は一九八九年には韓国語にも翻訳されて、当然ながら韓国人は憤激した。これを朝日新聞、ＮＨＫ、毎日新聞、東京新聞、日本経済新聞、共同通信社（英字版が特に罪が深い）、その他の反日自虐的なマスコミが扇情的に報道した。国連の人権委員会（現在の人権理事会）にも資料として提出された。

平成三年八月一一日付の朝日新聞には、植村隆韓国特派員が「元朝鮮人従軍慰安婦～戦後半世紀重い口開く」というタイトルで記事を書いた。「日中戦争や第二次世界大戦の際、『女子挺身隊』の名で戦場に連行され、日本軍人相手に売春行為を強いられた『朝鮮人従軍慰安婦』のうち、一人がソウル市内に生存していることがわかり、『韓国挺身隊問題対策協議会』が聞き取り作業を始めた」という内容だ。

明らかに植村隆記者自身が女子挺身隊と慰安婦を混同した記事を書いているのだ。しかも軍が強制的に拉致を行ったことまで示唆している。こうした流れに悪乗りしたのが、福島瑞穂、高木健一両弁護士などだ。彼らは、〝日本政府に訴訟を起こせば賠償金が取れます〟と韓国で宣伝して元慰安婦を募集して日本に連れてきた。その一人が金学順だ。

彼女はテレビにも出演して「親に売られてキーセンになり、義父に連れられて日本軍の慰安所に行った」と証言した。金学順は義父に売られたと言っただけで、日本軍に「強制連行」されたとは言っていないのに、福島弁護士らは訴状を「軍に連行された」と書き換えた。

●慰安婦は〝性奴隷〟だったのか

慰安婦問題の根底にあるのは、〝軍隊と性〟の問題だ。軍隊が慰安婦の随伴を容認することには、

第一に被占領地の一般婦女子を保護し、第二に連日死に直面する兵士の性の問題を解決し、かつ第三に性病を防ぐ、という重要な意味がある。〝わが国だけ〟が女性の人権無視の言いがかりをされて非難されるいわれはない。

問題となっている韓国人慰安婦は、拘束されることはなく自由で、収入も日本軍兵士のなんと二十～三十倍(!)もあった。逃げ出そうと思えばいつでも逃げ出すことは可能であったのだから〝性奴隷〟などではなく、自由な売春婦であったに過ぎない。問題になっているのは、連行に日本軍による強制性があったのかどうかという点である。

強制性についての誤解の元凶は吉見義明中央大学教授の誤った研究発表だ。吉見教授は、平成四年に防衛庁防衛研究所図書館で軍の関与を示す文書を発見したと称して、「軍の関与は明白であり、謝罪と補償を!」と発表した。早速、朝日新聞が大喜びをして鬼の首を取ったようにこれを大々的に報じた。

ところが吉見教授が指摘する「軍の関与」とは、「悪質な業者が不統制に募集し『強制連行』などをしないように軍が関与した」ことを示しているものだったのだ。むしろ軍による「強制連行」などはなかったことを明らかにする証拠である。

●戦争と性

日本の教科書の多くが慰安婦問題を執拗に掲載し続ける。文部科学省は、教科書検定制度を通じて反日少国民を育てようとしているのだ。日教組は「子供も真実を直視すべきだ」という。しかし多くの国の軍隊が世界中で、如何に女性に対する凌辱問題を頻発せしめていたかという〝真実〟をも、判断力も十分には備わっていない子供に〝直視〟させるべきなのだろうか。

米国は、軍に慰安所を認めないという〝キレイごと〟政策をとっていたので、日本を含めた世界中で問題が多発した。欧州では米軍将兵によるレイプの被害者が約一万四千人（うちドイツ人女性が約一万一千人）もいた。特にノルマンディー作戦後、米兵たちがフランスのルアーブルやシェルブールにおいてフランス女性に対して犯した性犯罪は目に余るものであった。

ウィスコンシン大学のメアリー・ルイーズ・ロバーツ教授（歴史学）は、第二次大戦中における米と仏の膨大な量の資料を調査して、二〇一三年に『What Soldiers Do: Sex and the American GI in World War II France（兵士らは何をしたのか：第二次世界大戦中のフランスにおける性と米兵）』を刊行した。

それによれば、ノルマンディー上陸作戦後の米兵たちによる乱暴や不法行為は筆舌に尽くしがたい酷いものであったとのことである。街頭を歩くフランス女性の全てが狙われて、白昼でも、市内の公園、爆撃を受けて廃墟と化した建物、墓地、線路の上など、街中いたるところがレイプの場となったという。当時のルアーブル市長が米駐留部隊の司令官に慰安所の設置などの改善を求めたが、ワシントンの〝キレイごと派〟の反対にあって何の対策も講じられなかった。

ロバーツ教授は、当時の米兵が勇気ある青年たちであり、その勇敢で英雄的な行為が高く評価されている事実についても忘れずに触れている。そして同書を出版した理由について、ノルマンディー上陸作戦を「空虚な英雄譚にとどまらない〝人類の経験の一つ〟として捉え直すのが目的」だと説明している。

通州事件においては中国軍が人間とは思えないおぞましい残虐な方法で婦女子を犯して殺害し、日本国中を憤激させた。〝日本がポツダム宣言を受理した後に〟これを無視してソ連の軍隊が起こした葛根廟事件は、実に無残な事件であった。千数百名の婦女子が残虐極まる方法で凌辱されて、斬首や焼殺などのなんとも残酷な方法で殺された。

朴正熙政権時代にベトナム戦争に派遣された韓国軍は最盛期には五万名を数え、延べ三十万名以上にも達したが、ベトナム人に対して暴行、虐殺の限りを尽くした。ベトナム女性に対する強姦行為も多数発生し、このため五千人とも三万人とも言われる「ライダイハン（雑種の意）」と呼ばれる私生児が大量に生まれてしまった。

ＧＨＱは非公式に（ワシントンに内緒で）、日本に慰安所を設けることを要請した。その結果できたのが、「特殊慰安施設協会（ＲＡＡ＝Recreation and Amusement Association）」である。東京、横浜をはじめ、江ノ島・熱海・箱根などの保養地、大阪、愛知、広島、静岡、兵庫、山形、秋田、岩手など日本各地に設置されていった。東京都内では終戦三カ月以内に二十五箇所の慰安所が開設されている。全体では約五万三千人の女性が働いていた。

しかし、ルーズベルト大統領夫人エレノアらの〝キレイごと派〟の反対によって程なく廃止されてしまい、日本各地で女性の被害が続出した。

沖縄では米軍上陸後に兵士に強姦された女性の数を約一万人とする推計もある。日本全体では七年間の占領期間中に二千五百三十六件の殺人事件と約三万件の強姦事件が発生した。しかしこうした話は、すぐにGHQのプレスコードによって報道禁止となった。

こんなことまで敢えて書いたのは、精神の変調まで来たしかねない生活を余儀なくされている将兵の性の問題は、キレイごとでは済まされない人間の本性の問題だからだ。女性蔑視だ、人権侵害だ、などという空想的道徳論をぶって、これを禁止しさえすれば済むという話ではない。

日本の軍隊は軍紀が厳しいことで知られている。強姦事件が皆無だったなどとはいわないが、こうした問題については世界中の軍隊の中で最優等生なのだ。

●朝日新聞の記事取り消しと謝罪

朝日新聞も、ついに平成二六年八月五日付の紙面で誤りを認めて、吉田証言に基づく記事と植村記者の女子挺進隊と慰安婦を混同した記事を取り消した。しかし謝罪はなかった。それどころか「一部の論壇やネット上には『慰安婦問題は朝日新聞の捏造だ』といういわれなき批判が起きています」などと、開き直る始末。

朝日新聞が金科玉条のように持回った吉田清治の『私の戦争犯罪』にしても、何年も前に本人が嘘だったと認めている。それなのに朝日新聞は口をぬぐって「慰安婦問題は狭い意味での強制性ではなく、〝広い意味での強制性〟が問題なのだ」などと詭弁を弄し続けた。

朝日新聞社が謝罪もせずに言い訳に終始したことは、せっかくの記事取り消しの価値を損なうものだった。轟々たる非難についに耐え切れなくなった朝日新聞は木村伊量社長が記者会見を行った。そして「裏付け調査が不十分でした。記事を取り消しながら謝罪がないとの批判をいただきましたが、申し訳ありませんでした」と謝罪した。しかし木村社長は退任せざるを得なくなった。


重要なのは、誤報により損なわれた国益と日本人の名誉を救済するのに、今後、朝日新聞が如何に貢献することができるかのはずである。しかし、そうした動きは皆無である。

●「河野談話」

河野洋平官房長官が平成五（一九九三）年に発した「河野談話」は、慰安婦問題を益々こじらせる結果となった。当時、韓国外務省から「これは元慰安婦の名誉にかかわる問題なので、強制を示唆する何らかの言葉をどうしても入れてほしい、そうすれば今後の賠償その他の問題は一切韓国側で処理して、日本に苦情を出すことはしない[97]」との強い申し入れがあったという。日本は友好第一、穏便処理の方針の下にこれを受け入れたものだ。

河野氏は、講演会などで「私が日本を侮辱するなどということがあるわけがないじゃありませんか」と弁明をしている。しかし、問題となっているのは河野氏の個人的な〝主観的意図〟

97）当時の石原信雄・内閣官房副長官の証言

ではない。国際的な悪影響を及ぼしている、〝客観的結果〟なのだ。

米国における慰安婦像の問題について現地の日本人社会がいくら真実はこうだったと説明をしても、「河野官房長官が認めて謝ったではないか」と言われると、河野談話そのものを否定しない限り反駁は難しい。日本大使館や領事館は「既に十分に謝って、補償もしている」と言うだけだから、なんの役に立たない。よほど悪いことをしたのだろうと思われるだけだ。

河野談話は「真実を語っていない」と言っても、「その後、同氏は勲章ももらっているし、糾弾もされていないではないか」と反駁されて議論は終わりになってしまう。河野氏には勇気をもって、談話を出すに至った経緯を、交渉にあたった当時の韓国側の人名、及び彼らの要求の具体的内容も含めて是非とも発表して頂きたい。

●IWG報告書

IWG（Implementation Working Group）報告書とは、第二次大戦中に日独両国が犯したとされる戦争犯罪を摘発する目的で二〇〇〇年に始まった米国政府により行われた大規模な調査の報告書である。足掛け八年の歳月と三千万ドルの巨費を投じて調査が行われ、その結果は、二〇〇七年四月に提出されたが、調査した文書の総量は八百五十万ページに及んだ。

調査チームには、日本関係の重点調査項目として「いわゆる慰安婦プログラム＝日本軍統治地域女性の性的目的のための組織的奴隷化」にかかわる文書の発見と報告が、重点調査項目として指示されていた。公明正大な調査ではなかったのだ。
それにもかかわらず**韓国が主張するような「日本軍による強制的拉致」や「女性の組織的な奴隷化」を裏づけるような資料は全く発見されなかった。**

■日韓合意

●最終的かつ不可逆的な合意

平成二七年一二月二八日、安倍首相の指示により岸田文雄外相が韓国を訪問して、韓国の尹炳世《ユンビョンセ》外相と会談した。**岸田外相は慰安婦問題への旧日本軍の関与（強制連行とは言わなかった）を認め、「責任を痛感」するとともに、安倍晋三首相が「心からのお詫びと反省の気持ち」を表明し、両者が「最終的かつ不可逆的に解決される」との認識で合意した。**

岸田外相の言葉も安倍首相の言葉も、厳密には慰安婦問題の真相とは矛盾する。岸田外相が認めた、〝旧日本軍の関与〟というのは実は強制性とは関係がない。前述の通り吉見義明中央大学教授は、平成四（一九九二）年に防衛庁防衛研究所図書館で軍の関与を示す文書を発見したと称して、「軍の関与は明白であり、謝罪と補償を」との売名的なコメントを付したことに発する。実際の内容は、強制連行はなかったことを証明するものであった。

日韓合意においては、元慰安婦支援のための事業に韓国政府が財団を設立し、日本政府の予算でこれに十億円程度の資金を一括拠出することも含まれた。合意文書は作成されなかったが、岸田外相と尹外相による共同記者会見が行われて、合意事項が発表された。この十億円も翌二〇一六年八月に支払われた。

ソウルの日本大使館前に設置された慰安婦問題を象徴する少女像については、尹氏は「韓国挺身隊問題対策協議会（挺対協）と協議の上、適切に解決されるように努力する」と述べた。撤去は今後の努力目標となった。しかし撤去されるどころか、二〇一六年の暮れには釜山の日本総領事館の門前に新たに慰安婦像が設置された。一旦は政府によって除去されたが、市民の批判が生じるに及んで、再び門前に設置された。

●米国の要望と安倍首相の決断

日韓合意に至る筋書きは米国が書いたものであった[98]。米国は中国の最近の東シナ海と南シナ海における傍若無人の振る舞いと、「米中二大国支配論」に辟易していた。おまけに、韓国の朴槿恵大統領が「日本が歴史認識を改めないので話し合いもできない」などといつまでも同じことを言って、過度の「反日親中姿勢」を示していたのが頭痛の種だった。

中国の動きは、米国の安全保障面での世界戦略上、見過ごすわけには行かない段階にまで至っていた。そこで米国は日本政府を説得して、たとえある程度の譲歩を行ってでも日韓関係を修復するように強力に迫ったのだ。同時に韓国に対しても「いい加減にしないか」と言

98）2017年2月のＢＳフジの「プライムニュース」において、自民党・日韓議員連盟の山本一太（常任幹事）議員が、これはオバマの要請によるものであったとコメントした。

わんばかりの強硬姿勢で、日本との関係修復を要求した。

米国は各国に対して、日本が韓国との関係修復に成功した暁には是非、賛意を表して支持して欲しいと根回しをしたのが明らかだ。米国の反応は素早かった。ケリー国務長官は声明を発表して、「日韓両政府間の慰安婦問題が〝最終的かつ不可逆的に〟解決された」と明言した。また「慰安婦という敏感な歴史問題で合意に至ったことを歓迎する」と高く評価し、「国際社会に対し、今回の合意を支持するよう呼びかけたい」と述べた。

しかし米国内の報道は全く異なるニュアンスであった。「日本政府は、日本軍が韓国の女性を性奴隷（Sex Slaves）として虐待していたことを認めた。それで謝罪して十億円という大金を補償したのだ」という報道がほとんどであった。米国のマスコミは、この件について事実を正確かつフェアに報道して欲しいものだ。

しかし、日韓合意の実施においては期待通りには進展していない。後述するような経緯の中で、空振りとなってしまった。合意締結直後の二〇一六年八月三〇日には左派の野党の正義党及び民主党の議員が韓国政府に対して、日本からの十億円の拠出金の受け取り拒否と日本大使館前の慰安婦像を撤去しないよう求める決議案を連名で国会に提出した。決議案は日韓合意を、「両国外相会談の結果を口頭で発表したもので、国会の同意も政府代表の署名もない」として、「合意は無効」と断じた。さらに、日本政府が求め続けている慰安婦像の撤去を、「歴史を歪曲し、戦争犯罪の責任を逃れようとするものだ」と非難[99]した。

99）韓国正義党の韓国政府への抗議：http://www.sankei.com/world/news/160901/wor1609010027-n2.html

●朴槿恵失脚

安倍首相としては、韓国に対して〝毅然とした態度〟をとって混乱を増幅させるよりも、合意を実現する方が長期的にはずっと大きな国益に資するとの判断があったものと思われる。ところが折角のその判断も、朴槿恵政権が崩壊したので全て水泡に帰してしまった。

朴槿恵は、旧友で占い師と言われる崔順実との不適切な関係が発覚して弾劾裁判を受ける身となった。崔順実の国政への不当介入や、財団への出資強要や収賄、公文書の流出等が韓国民を憤激せしめて、大統領批判の大国民運動にまで発展してしまったのである。

朴槿恵の弾劾訴追案は二〇一六年一二月九日、国会で可決されてしまった。後述するように訴追自体に憲法違反の疑いがあったにもかかわらず憲法裁判所はこれを受け付けて、翌年三月一〇日に弾劾罷免を判決してしまったのである。

朴槿恵は大統領から失脚し、おまけに十三件の収賄嫌疑で刑事訴追をされて二〇一七年三月三一日に逮捕・収監されてしまった。この騒動で閣僚、財界トップら約二十人が逮捕されて約四十人が起訴された。

■法治国家でなくなった韓国

●釜山に慰安婦像を設置

話は遡るが、二〇一六年一二月二八日、日韓合意の精神を無視した慰安婦像が市民団体によって新たに釜山の日本領事館前に設置された。地元の釜山市東区がいったんは撤去したが、抗議が殺到したことにより、わずか二日後に設置を許可して三〇日に像は再び設置された。

日本政府は、日韓合意の精神が踏みにじられたとして珍しく毅然とした措置を取って、抗議の姿勢を示した。当面の対抗措置として、長嶺安政駐韓日本大使と森本康敬在釜山日本総領事を一時帰国せしめて、日韓通貨スワップ協定のための協議を中断した。当然である。韓国民は驚いているとのことだが、むしろ筆者は、彼らが驚いていることに驚いている。

ところが、この政変は益々エスカレートして、朴槿恵が弾劾裁判を受けるに至り大統領を罷免されてしまった。そして候補者の中では最も反日親北と目されていた文在寅が後任の大統領に選出されてしまった。この政権交代に対応するために日本政府は、先に日本に引き上げていた駐韓大使と釜山の日本総領事を、平成二九年四月四日に三カ月ぶりに帰任せしめた。大統領選に関する「情報収集」、次期政権への移行への対応、北朝鮮の核・ミサイル開発に対処するため日韓間で緊密な連携の必要性、などの為である。なお、釜山日本総領事館前の慰安婦像設置問題に進展はないので、事実上、棚上げになってしまった。

慰安婦問題は全くの虚構であるが、そもそもは吉田清治が火をつけて、朝日新聞が燃え上がらせ、日本政府が河野談話で認知し、日弁連の戸塚悦朗弁護士が国連に働きかけて〝Sex Slaves〟という言葉を国際的に広めてしまい、更には日本の教科書にまで記載されているという経緯がある。

見方を変えれば、日本側がでっち上げた虚構の慰安婦問題を、韓国側が「そうだ、そうだ、日本の言う通りだ。日本はもっと謝罪と賠償をすべきだ」と言い立てているにすぎないと言えなくもなく、日本にも責任の一端がある。

●「国民情緒法」

韓国のこうした反応の底には、長年にわたるすさまじい反日教育がもたらした反日「国民情緒法」の風潮がある。数年前から、呉善花拓殖大学教授が韓国の「国民情緒法」は非常に警戒を要すると指摘しておられたのだが、この指摘は日本では真剣に受け止められなかった。

「国民情緒法」とは、「法」という名前がついているが、制定された成文法ではなく、法のあり方とその運用に関する考え方を指している。国民の情緒や意向は、自然法のように、あらゆる成文法に優先するとする。ムチャクチャな反日的思考が、大衆に根付いているというだけではない。正式な司法制度の中に入り込んでしまっているという由々しき事態なのだ。

既に、「国民情緒法」の考え方に基づく法律がいくつか制定され、それに依拠する判決が多数下されているという現実がある。これは「罪刑法定主義」も「法の遡及禁止原則」も「時効」もすべて無視するものだから、近代国家の絶対的な成立要件である「法治主義」も「法による支配」もすべて否定するものである。

最近の朴槿惠弾劾騒動、財閥経営者の逮捕、竹島への新たな慰安婦像設置のための募金運動等に見るように、今や韓国は「国民情緒法」一辺倒で、あらゆる意味で法治国家ではなくなってしまっている。司法はこれをチェックするどころか、むしろ促進する方に回ってしまっているので、法治国家であることを自ら放棄してしまっている。

今回の韓国の行動を、日本では国際法（外国公館の威厳の侵害防止を定めたウィーン条約二十二条二）違反だとか、信義に反するとか、日韓合意という国と国の間の約束を反故にしたとか騒いでいるが、筆者に言わせれば、八百屋に行って魚が売っていないと騒いでいるようなものだ。そうした批判は、韓国はまだ法治国家であるという大いなる誤解に基づくものに過ぎない。

「国民情緒法」という言葉が韓国のマスコミに出現したのは二〇〇五年八月の日刊紙・中央日報、及び同一〇月の韓国日報で、その時点では単なる政策判断の物差しとなる考え方として取り上げられていた。しかし、それ以降、一部の市民団体や学者によって提唱されて、それをまた、市民団体や韓国メディアが強力に後押ししてきた。そこまでは、どこの国にもある現象だから驚くに値しないが、そうした傾向を阻止すべき司法までもが染まってしまったというのは驚くべき現象だ。

●韓国の司法制度

韓国の司法制度は日本と同様の三審制を採用している。地裁などによる第一審判決が不服であれば高裁に控訴し、これも不服なら最高裁に上告できる。制度的には、憲法裁判所、大法院、六カ所の高等法院（日本の高裁に相当）、十八カ所の地方法院、並びに家庭法院及び行政法院のような専門性を有するいくつかの法院からなる。

日本と一番異なるのは憲法裁判所が存在することだ（日本では憲法により違憲審査は最高裁が行うことになっている）。後述するように、憲法裁判所が、自分の国の政府が行った国際協定を否定してしまっているのだから話にならない。

日本の最高裁判所に相当するのは大法院だ。大法院には、司法行政事務を管掌する法院行政処が設置されており、全裁判官の人事と司法府の行政を管轄している。日本の最高裁判所事務総局にあたる。筆者は、この法院行政処が「国民情緒法」に汚染されてしまっているか、機能不全に陥っているものと見ている。

●「親日反民族行為者財産の国家帰属に関する特別法[100]」（反日法）

この「国民情緒法」の考え方に沿って制定された法律の最たるものが「親日反民族行為者財産の国家帰属に関する特別法」、通称「反日法」だ。

二〇〇五年、盧武鉉政権時代にウリ党の崔龍圭《チェヨンギュ》、民主労働党の魯會燦《ノフェチャン》など与野党百六十九人の議員が国会に提出して可決され、同年一二月二九日に公布された。その第一条は「日本帝国主義の殖民統治に協力し、わが民族を弾圧した反民族行為者が、その当時、蓄財した財産を国家の所有とすることで、正義を具現し、民族精気を打ち立てることを目的とする」となっている。

100）親日反民族行為者財産の国家帰属に関する特別法 :http://www.geocities.co.jp/WallStreet/9133/sinnitiha.html

つまり、「財産を得た時点でたとえ合法的であったものでも、親日行為を行った場合にはその財産を任意の子孫から没収できる」という、およそ法律の概念に合致しないムチャクチャなものだ。早速、同年中には「親日人名事典編纂委員会」が発足して「親日人士三千九十人名簿」が作成されて、魔女狩りが始まった。

一応は、現在の親日行為を罰するものではなく、日露戦争から韓国独立まで（一九〇四〜一九四五年）の間に朝鮮総督府に協力し蓄財した親日協力者の財産を没収する法律である。この法律は、韓国政界を大混乱に陥れた。右派左派を問わず「親日派の子孫」の名指しと密告が次々と行われて、文字通り魔女狩りの様相を呈する政争へと発展していった。

この法律は、法の大原則である過去への「遡及禁止」も「時効」も無視して「財産権の侵害」を規定する、極めて重大な国民の基本的人権を無視したものだ。しかも、この法律の精神は、後述する例に見る通り、実質的に「現在の親日行為」にまで及んでいるのが実情だ。

平成二七年一二月に行われた慰安婦問題に関する日韓合意は、日本の岸田文雄外務大臣と韓国の尹炳世外交部長の間で協議されて朴槿恵前大統領により承認されたものだが、後任の文在寅新大統領は「日韓合意は撤廃すべし」との意見だ。

「国民情緒法」の精神は、日韓合意のような国同士の正式な取り決めであっても、それが韓国民の感情に受け入れられなければ、推進した政治家や官僚が孫子の代まで罰せられるというものだ。尹炳世外相も、何時自分だけでなく子孫までもが標的にされるかわからないのだから、戦々恐々としていることだろう。今後は、日本政府が韓国政府とどんな問題で交渉をしても、「国民情緒法」が生きている限り、もはや韓国政府代表が正常かつ国際法に添った対応してくれることは期待できない。

●「親日反民族行為者財産調査委員会」の活動

二〇〇五年には、上記の反日法に基づいて「親日反民族行為者財産調査委員会」が大統領直属の国家機関として設置された。早速、同委員会の調査によって、先ず二百七十万万坪の土地を対日協力による不法利得であるとして、それらを相続した四十一名から没収する手続きが始まった。

続いて同委員会は日韓併合条約を締結した当時の政府高官の子孫九名からも約五千平米の土地を没収して、韓国政府に帰属させる判決を下した。更に二〇〇九年には七十七人から五万五千平米を没収する判決を下した。

結局、判決を受けた土地すべての没収には十年を要したが、二〇一五年中には、ほとんど全部の土地の没収が実行されて、約一千億ウォン（約百億円相当）の土地が国家に帰属することになった。

●憲法裁判所

韓国の憲法裁判所が日本で注目されているのは、①平成二三（二〇一一）年八月三〇日の韓国憲法裁判所の判決、及び②平成二九（二〇一七）年三月の朴槿惠弾劾裁判に於ける罷免決定である。

日韓基本条約には、韓国と韓国人は、以後は日本と日本国民に対して賠償を要求することが一切できないと明記されているのに、驚くことに韓国憲法裁判所は「韓国政府が日本政府に対して慰安婦の賠償請求について十分な努力をしていない」と見做して、これを「違憲である」と判決したのである。

判決の内容は「慰安婦問題の被害者の賠償請求権に関し、韓国政府が具体的解決のために努力していないのは被害者らの基本権を侵害する違憲行為である。日韓請求権協定の条項は慰安婦の請求権も消滅するような内容であるが、それを締結した韓国政府には落ち度がある。韓国政府は同協定三条に基づく『外交上の経路を通じて解決する』ために日本政府と交渉を行う義務を負っている」というものであった。

憲法裁判所の見解では、慰安婦問題においては個人請求権の解釈をめぐって日韓の間で未だ「紛争」(日韓請求権協定第三条第一項)があるにもかかわらず、韓国政府が当事者同士の「外交上の経路」(同上)や第三者による「仲裁」(第三条第二項)といった日韓請求権協定の規定通りに「作為しない」のは違憲であるとした。

これは韓国の国内問題のはずだから、当然、〝落ち度がある〟と指摘された韓国政府が、自らの責任において処理をすべき問題である。しかるに、「日本と交渉をして解決するのが韓国政府の憲法上の義務である」というのだから恐れ入る。

これ以降は、韓国の三権分立の原則は実質的に崩壊してしまったといって良い。大統領の対日外交政策は司法によって制約されるようになり、反日一色に塗りつぶされた。それまでは歴史問題に対して微温的で、一時は「親日的」とさえ評価されていた李明博は態度を一転させた。

李明博は、日韓請求権協定で解決済みであったはずの慰安婦問題についても、前言を翻して「責任ある措置」や「政治的な決断」を更めて日本政府に対して求めるようになった。更には竹島への上陸を強行したり、天皇陛下に対する無礼な言辞を弄したりするようになった。明らかに「国民情緒法」が自分に対して発動されないようにするための保身策であった。

次は朴槿恵弾劾裁判における罷免決定（判決に相当）である。平成二九（二〇一七）年三月一〇日、弾劾裁判において憲法裁判所は罷免が妥当と決定を言い渡した。この決定により大統領の席は空席になり、六十日以内に大統領選が行われることになった。

この弾劾訴追は前年一二月の韓国国会によるものだが、訴追自体に違憲の疑いがある杜撰なものだった。国会が大統領を弾劾訴追できるのは憲法違反や法律に違反したときだけと規定されており、通常の司法手続きにおいて検察がやるべきことを国会が全て行ってからでないと起訴できないはずだ。

ところが西岡力[101]氏によれば、国会は事実関係の調査も厳密な法理の検討も行わずに、たったの数日間で訴追を行ったという。与党セヌリ党からも六十四人が賛成したことから、弾劾可決に必要な二百人を大きく超えて、空気が弾劾に傾いたことによる。しかも、驚くことに弾劾の根拠を「百万人の国民が弾劾を求めるデモを行っているので国民の意思は明らかであ

101）参考：産経新聞「正論」欄　2017 年 3 月 14 日『朴氏罷免は半島の悪夢の前兆か』西岡力氏、及び月刊『Hanada』二〇一七年五月号『朝鮮半島最悪のシナリオ』桜井よしこ氏と西岡力氏の対談

る」としたのである。法律を根拠にするのではなく、国民大衆の意向についての一方的な印象判断を基にしたものだという。

このように極めて疑義のある訴追であったにもかかわらず、憲法裁判所では審議の結果八対ゼロの全員一致（一名は欠）で、大統領罷免の決定をしてしまったのだから、どんな審議が行われたのか極めて疑わしい。国会による訴追手続きの瑕疵は明らかであったのだから、法治国家の憲法裁判所としては徹底的に究明するのが当然であるのに、「訴追手続きは国会の自立権に属するので、その瑕疵については争点として取り上げない」とした。

一見、三権分立を尊重する司法消極主義や、行政の判断を尊重する統治行為論に基づいた判断の如く見える。しかし、弁護団の金平祐《キムピョンウ》韓国弁護士協会会長によれば、「訴追は大統領の職務を停止させる重大なものだから、事実関係の究明と法理の検討が十分になされなければならないが、そのような形跡は皆無である。従って、かえって三権分立を軽んじることになる」と指摘した。

筆者も金弁護士の指摘通りであり、統治行為論とも関係のない話と考える。韓国は既に国民情緒という空気に支配されており、法治国家ではなくなってしまったのである。

●新日鐵住金／三菱重工と戦時中の徴用工補償問題

一九六五年の日韓請求権協定には、〝一九四五年八月一五日以前に生じた事由に基づくものに関しては、いかなる主張もすることができない〟と明記されている。従って、その後は韓国と韓国人は日本と日本国民に対して賠償を要求することが一切できないはずなのだ。

しかも協定交渉時における日本の記録には、日本側が「元徴用工の名簿を出してもらえれば個別に補償する」と申し出た折に、韓国側（朴正煕大統領）からは「個別の補償は韓国政府が行うので、補償は国対国ベースにして頂きたい」との要望が来たことが記録されている[102]。

つまり韓国側は「個別の補償はこちらでやるから、日本政府は一括して補償金額を韓国政府にまとめて渡して欲しい」と要求したのである。韓国の司法が「日本企業が個別補償をしろ」と判決するのは、明らかな二重取りになる。韓国政府は司法に対して説明もしないのだろうか、また司法も自国の政府の対外的な約束を調べもしないのだろうか。

一九六五年の日韓請求権協定により、日本は五十三億ドルに上る在韓日本資産（軍事資産を除く）と巨額の投資残を全て放棄し、十一億ドルに上る無償経済援助を約した。当時の韓国の年間国家予算は三・五億ドルであったから、無償援助額だけでも国家予算の三倍に相当する巨額である。放棄資産額五十三億ドルと援助額十一億ドルを合計すると六十四億ドル、すなわち韓国の年間国家予算の十八年分余に相当する。韓国はこれを使って後に「漢江の奇跡」と呼ばれるようになった経済発展を実現したのだ。

ところが韓国は、戦時中の朝鮮人徴用工への賠償問題を再燃させて、新日鐵住金と三菱重工に賠償を請求する訴訟を日本国内で起こした。この二つの件について、既に最高裁は請求権問題は個人も含めて法的には解決済みであるとして、それぞれ二〇〇三年一〇月と二〇〇七年一

102）雑誌『週刊ポスト』2015 年 7 月 10 日号

月に棄却した。それを今度は韓国内で再燃させたのである。

韓国における裁判では、新日鐵住金と三菱重工は第一審と第二審ともに敗訴した。両社とも大法院（最高裁判所に相当）に上告したのだが、大法院からは差し戻されてしまい、二〇一三年七月、韓国のソウル高裁と釜山高裁は、差戻し審においてそれぞれ両社に対して賠償を命じる判決を下したのである。もう日韓請求権協定もヘッタクレもないのである。

両社には法的な賠償義務が生じたので、もし応じないと韓国内にある資産が差し押さえられることになる。両社とももう韓国内に生産拠点はないが、差し押さえ対象は不動産のみならず売掛債権にも及ぶから無傷というわけにはゆかないだろう。

二〇一三年九月七日、菅義偉官房長官は、戦時中に朝鮮半島から徴用された韓国人（当時は日本人）に賠償せよとの判決が出た件に付いて、「昭和四〇年の日韓請求権協定がすべてだ。ここで支払うようなことがあったら、協定事項のすべてが崩れてしまう」と述べて、賠償に応じるべきではないとし、政府は両社と連携して今後の対策を練っていることを明らかにした。

三菱重工は、不当な賠償支払い命令に応じる気はさらさらないとして、朝鮮半島から完全に撤退して調達部門だけ残して現在では小さな駐在事務所で残務処理だけをしている。新日鐵住金は、最終方針は詳細を発表していないので不明だが、たとえ韓国におけるすべての商権を放棄してでも不当な要求への対応を拒否すべきだろう。

「国民情緒法」の影響はこれだけではない。二〇一五年には朴槿恵大統領がユネスコのイリナ・ボコヴァ事務総長と会って、日本が軍艦島の世界遺産登録を推進していることに反対し、軍艦島で多くの朝鮮人（当時は日本人）が過酷な強制労働を課せられたので賠償を請求すると述べた。

韓国の司法による不当な判決はその他にも、靖国神社の門に放火した中国籍の男を政治犯に認定して日本側への身柄引き渡しを拒否した判決、対馬の観音寺から盗まれて韓国で発見された仏像について韓国の浮石寺の求めに応じて返還不要とした判決、など枚挙に暇がない。

●韓国は民主主義国家ではなくなった

民主主義の大敵は衆愚だ。しかし現在の所は民主主義に勝る政治形態は見つかっていない。そこで、代表者を選挙で選んで選良の叡智に頼ろうという間接民主主義が登場した。これは衆愚の弊害を阻止して、民主主義を護るための政治形態である。しかし「国民情緒法」の思想は直接民主主義そのものだから、衆愚への歯止めを内蔵していない。推進すればするほど民主主義の欠点が強調されることになるから、結局は民主主義を否定することになりかねない。

テレビに頻出している元宮崎県知事の東国原英夫氏は「住民投票こそ地方自治の基本である」として東京都の築地市場の移転問題について都民の住民投票をすべきだと力説[103]していたが、それではかえって「都民ファースト」にはならない場合がある。住民投票に適した案件と適さない案件があるからだ。住民投票は、少数派の意見が反映されないし、専門的分野についての知識や経験が重要な案件の場合には、住民に必ずしも十分な知見があるとは限らないとい

103）東国原氏の住民投票支持：2017年3月29日　ＴＢＳ「ゴゴスマ」

う重大な問題がある。また継続性への不安という問題もある。更に国防に関する問題などについては、正当に選んだ自分たちの政府の権限と責任は尊重すべきである。「住民投票」は、本稿でいう国民情緒法の要素を含んだものであることは指摘しておきたい。

前述の通り、韓国では既に国民の基本的人権の重要な部分を占めている個人の所有権や財産権を否定する法律が成立し、法の基本的原理に反する判決が下されている。韓国はもはや法治主義国家ではなくなってしまっている。少なくとも、民主主義を護ろうとする国家としての意思が放棄されつつあると言って良い。

このように民主主義国としての立場を放棄しようとしている異常な韓国についても、友好第一で事なかれ主義の日本外務省の公式の認識は、「韓国は我が国と、自由と民主主義、市場経済等の基本的価値を共有する重要な隣国である[104]」となっている。日本がそんな姿勢を続けてきたからバカにされて、つけあがらせる結果になっているのだ。それは長期的には決して韓国のためにはならない。

●日韓議員連盟

今まで日本がなかなか韓国に対して強硬な姿勢が取れないで、ここまで事態が拗れてしまった理由の一つは、日韓議員連盟の存在だ。会長の額賀福志郎氏は、防衛庁長官、経済企画庁長官、経済財政政策担当大臣、財務大臣、自由民主党政務調査会長、内閣官房副長官等を歴任した自

104）外務省ウェブサイト「大韓民国」「基礎データ」「二国間関係」

民党の長老だ。他にも隠然たる影響力を保持している年配の議員が多数所属している。

この連盟は、理屈抜きの日韓親善を促進する議員団体で、八月一五日の終戦記念日には英霊達が祀られている「靖国神社」に参拝せずに、韓国の民団「光復節」（日本からの独立を祝う韓国の祝日）式典に参加している。また、産経新聞の加藤達也ソウル支局長が朴槿恵大統領の名誉を傷つけたとして起訴され、長期間出国を禁止されていた問題を、「日韓の懸念事項として扱わない」と総会で合意した。しかし、さすがに二〇一七年二月二日に行われた総会では、額賀会長は「韓国政府は責任を持って慰安婦像を撤去できるような判断をしてもらいたい」と述べている。

●隣国とは仲良くしなければならないということはない

韓国シンパの人々は、すぐに近隣諸国とは仲良くすべきであると言う。たしかにお互いに引っ越すわけにはゆかないのだから、近隣には敵対国よりは友好国にいてもらった方が良いに決まっている。しかし、相手国が現在の韓国のように、理屈抜きの執拗な反日国家である場合は話が別である。友好関係は、互いに友好的であることが絶対的な前提である。

近隣諸国とは、仲良くしなければならない理由は特にない。世界の歴史を見ればすぐ分ることだが、最も危険な国は隣の国だ。仏と独、ソ連とフィンランドやバルト三国、インドとパキスタン、米国とメキシコ、その他多くの実例に見る通り、歴史の中で最も仲が悪くて戦争が絶えなかったのは実は「お隣同士」なのだ。

京都大学の高坂正堯教授がいみじくも指摘したように、日本の安全保障のためには「遠くの強国と密接な同盟関係を保ち、近隣国とは均衡を保つ」ことが必要なのだ。これは外交における戦略であり、追従従属とは異なる。友好的な外交姿勢は、相手も友好的な姿勢を取ってくれている場合に限るべきである。友好的な姿勢が全て裏目に出ることは、反日の韓国との関係を見れば良くわかる。

ただし韓国が共産化することは、できれば阻止したい。安全保障の観点からも、朝鮮半島の北も南も共産化してしまい、核兵器を持って中国の傘下に入るなどという悪夢は見たくない。ところが、文在寅政権下では、その悪夢が現実化する危険性がゼロではないので、警戒が必要だ。なんとか共産化は阻止したいが、もしそれが韓国民の選択であればやむを得ないだろう。但しそうなると自由主義諸国からの投資はなくなるし、既に韓国内で取引をしているところでも三菱重工のように国外に逃げ出してしまうだろう。輸出依存型の韓国経済には大打撃になるはずだ。韓国の輸出の対GDP比は五十・六%（二〇一四年、世界銀行）と世界的にも極めて高い水準にあり、為替変動や他国の景気動向の影響を非常に受けやすい。なお、日本の輸出依存度は十六・二%に過ぎない。

●国連国際司法裁判所に提訴を

日本企業も「国民情緒法」に基づく不当な判決に唯々諾々として従うべきではない。日本政府もこの際、親善友好策は捨てて交渉をするべきだが、行政府である韓国政府を相手に交渉しても、韓国の司法が合意を覆すのだから埒が明かない。そうかといって外交交渉の場に韓国憲法裁判所を引っ張り出すわけにはゆかないから、この際は国連の国際司法裁判所[105]で争うべきだ。日本以外の他国に対しては、そうした制度的ヘイト現象は見当たらないから、おそらくこれは長く続いたすさまじいまでの反日教育の影響としか考えられない。

国際司法裁判所は、国家間の紛争を対象としており、相手国の司法の判決の意義や範囲に争いがある場合には、国際司法裁判所の解釈を求めることができる。また、国連総会および特定の国連の専門機関が法的意見を要請した場合には勧告的意見を出すことができる。

審議をする裁判官は、アジアから三人、アフリカから三人、中南米から二人、東欧から二人、北米・西欧・その他から五人、都合十五人が選ばれている。この中には国連安保理常任理事国五カ国の判事が一人ずつ含まれることになっている。本件の審議の過程で、懸案の「クマラスワミ報告書」問題や「マクドゥーガル報告書」問題にも進展が期待できるかもしれない。

なお、筆者は以前から国連脱退論を唱えている者ではあるが、国連の巨額の費用を負担（米国に次いで二位）してメンバーでいる間は、国連の機能はできるだけ活用すべきであると考えている。

筆者の脱退論の主要な理由は、日本は国連憲章における敵国条項の適用対象国なので国連の国際安全保障の枠から外れており、有事の場合でも国連からは護ってもらえない

105）国際司法裁判所：国連の常設の国際司法機関で、オランダのハーグに本部を置く。国家間の法律的紛争、即ち国際紛争を裁判によって解決、または、法律的問題に意見を与えることである。当事者となりうるのは国家のみで（規程三十四条）、個人や法人は訴訟資格を有さない。一審制で上訴はできない。なお、判決の意義・範囲に争いがある場合にのみ当事国は解釈を求めることができる。また、国連総会および特定の国連の専門機関が法的意見を要請した場合には勧告的意見を出すことができる。

という点だ。以前から中国はこの点を指摘して日本を恫喝してきている。一応、総会で日本とドイツに対する敵国条項は廃止する決議が行われてはいるが、メンバー国の批准が全く進んでいない。潘基文が国連事務総長でいた間は、この件を推進する姿勢は全くなかった。

日本は、この問題を国連国際司法裁判所に提訴している間は、たとえ暫定的でも良いから、この際、韓国との国交を断絶したらどうか。韓国民は、今までは文句を言えば必ず謝罪して何らかの賠償をしてくれた日本が、全く異なる対応をすれば驚くであろう。この際、韓国が如何に異常なことをやってきたのかを、国際的にも大々的に明らかにして韓国民にもわからせてやる必要があるのではないか。その方が必ず韓国のためにもなる。

今後、日本政府が韓国政府とどんな問題で交渉をしても、もはや韓国政府代表が正常かつ国際法に添った対応してくれることは期待できない。反日教育と反日「国民情緒法」を直ちに廃止するよう強く要求すべきである。

第三節　日中関係

■日本はシナに侵略したのか

●日本は侵略していない

大東亜戦争のうちの日米間の戦争に関しては、日本は侵略をしたわけではないことは周知されている。しかし、対シナとの関係においては、日本は侵略をしたのではないかという認識が歴史家の間でさえも強く残っており、日本人の自虐史観のもととなっている。これは、「侵略とは何か」という定義に則って判断しなければならない。しかし、「侵略」の国際的・学問的な定義は存在しないし、独り歩きをしている通俗的定義にも当てはまらない。これについては既に第二章で論考したが、念を入れて本項でも簡単に再論しておく。

●侵略をしていない四つの理由

明治維新後の日本は自衛のために、朝鮮半島に支配力を強める清国と、南下して勢力を伸ばしつつあったロシアの動きを阻止するための対抗措置を取らざるを得なかった。国際的にも認知されている通り日清戦争と日露戦争は自衛戦争であったし、その後も日本が侵略をしたわけではない。前述の通り毛沢東／習近平の中華人民共和国が成立したのも、日本が蔣介石の国民党軍と戦ったおかげである。毛沢東から感謝されたくらいだったのだから、現在の中華人民共和国から侵略と批判されるいわれはない。

第二章・第一節で四つの「侵略の通俗的定義」の除外例、つまり侵略ではない例について述べたが、日本はシナとの関係についても、それが当てはまることを示しておく。

第一に、当時のシナや特に満洲は、国際法の適用もできないほどの、無主地同然の混沌とした無

政府状態であった。主権を持つ統一国家は成立していなかったのだから、日本が主権を侵害したということはあり得ない（侵略の通俗的定義除外例の第一、「他国の領土」）。

もし日本が侵略をしたと言うのであれば、侵略の相手はどの国なのか指摘してもらわねばならない。また、その国が満洲において統一国家として主権を保持していたのはどの期間かも明らかにしてもらわなければならない。〝酷いこと〟をしたというのは、〝侵略をした〟ということにはならない。

ちょうど、現在のシリアのようにアサド政権、これに反対する反体制派、双方に敵対するＩＳ、これを支持する米国とロシアの五者が、それぞれ異なる目論見を持って入り乱れているのと、本質的には同様な状態であった。正邪、善悪、政治倫理の問題は別として、〝正統な国家主権が存在しない係争地への進入は侵略とは言えない〟のだ。

中国は、日本が〝自国領の満洲〟に侵略したとして日本を非難しているが、大きな間違いだ。日本の著名な歴史学者の中にも、北岡伸一東大名誉教授（ＪＩＣＡ理事長、元国連大使）のように、中国の非難に同調して「日本は少なくとも満洲に対しては侵略を行った」などと執拗に主張する方がいるのは、困ったものだ。

第二に日本が行った戦争は、世界に同時に共産主義革命を起こそうとしたコミンテルンが主導する〝共産主義勢力の南下政策（侵略）を食い止めるための自衛戦争〟だった（侵略の通俗的定義除外例の第三、「自衛目的」）。

もしシナに西欧列強とソ連の勢力が居座って勢力地図が確定してしまえば、次は日本が危険にさらされることになる、と日本は考えた。日本のシナに対する望みは、シナに欧米列強とソ連の勢力に侵されることのない近代的な国家（中国であれ、満洲であれ）が成立して、白人国家の植民地主義やソ連による共産主義化に対抗してくれることだったのだ。

第三に、日本は、少なくとも欧米の列強諸国がシナ大陸において行ったような植民地経営による〝国家の意思としての経済的収奪は行っていない〟（侵略の通俗的定義除外例の第二、「植民地化目的」）し、これを目的としてもいなかった。

蒋介石

「X論文」で有名な米国の外交官出身の歴史学者、ジョージ・フロスト・ケナンは、共産主義勢力と戦っていた日本を滅ぼしてしまった米国の極東政策を痛烈に非難し、かつ米国の共産主義対策を手ぬるいとして批判[106]した。そして、**「日本の満洲権益は決して不法に中国から奪取したのではなく、日露戦争と第一次世界大戦の結果、国際法上の正当な権益としてロシアとドイツから獲得したものである。つまり、侵略によって得たものではない」**と指摘している。

そしてケナンは、「これは北満洲を支配していたロシアと南満洲を支配していた日本と

106）ケナンの批判：本書263ページ参照。
107）永井陽之助（東京工業大学／青山学院大学名誉教授）『冷戦の起源』中央公論新社　2013年

が、均衡した関係を維持しようとしたものであり、日本の対共産主義政策としては妥当な政策であった」と評価している。

更にケナンは、「日露戦争の結果、日本はロシアに代わって南満洲における支配的勢力となったが、日本は満洲地区における中国の潜在主権に容喙することはなかった」とも言っている。また、「ロシア革命によって諸事情が一掃されてしまうまで、この日本とロシア、及び日本と中国との関係は相当の安定性をもっていた。この事実は、その当時の国際的な勢力関係を無理なく反映していた」[107]とも述べている。

日本の満洲権益の存在がロシアの南下圧力を押さえて極東アジアの政治的安定、安全保障に寄与していたという、ケナンの認識には注目すべきものがある。筆者は賛成だ。

第四に、自国民を護るための出兵は侵略とはいえない（侵略の通俗的定義除外例の第三、「自国民を護る」）。

蔣介石の北伐軍は、済南事件のような邦人虐殺事件を頻繁に起こしていた。第一次、第二次山東出兵は、その自国民保護のための出兵の典型的な例だ。日本は出兵の都度、律義にも複数の中国政府（主権を争って複数存在していた軍閥）に通告をしていた。ただし了承してきたところはない。

日中間の全面戦争を引き起こす契機になったのは盧溝橋事件であった。「盧溝橋事件と西安事件」の項で後述するように、これは中国共産党が、敵対勢力の国民党を日本と戦わせて弱体化させるために仕組んだ謀略であった。

■日中戦争の経緯

●清国の成立と衰亡

一時期シナ大陸を制覇していた満洲族は、ツングース系民族で、古くは女真族といった。満洲族は一六三六年に北東シナおよびモンゴルの大半を支配して清国を興したが、建国当時はまだシナ大陸全土をカバーするものではなかった。首都は盛京（瀋陽）に置かれた。その後、清は勢力を増して万里の長城を北から南に越えて明を破り、一六四四年には首都を北京に移した。

その後の清国は、英国との阿片戦争のように列強からの数々の侵略的行為に悩まされ続けた。英国は清国が麻薬（阿片）輸入を禁止したのに抗議して、その代金取立てのために、一八四〇年八月までの二年間に軍艦十六隻、輸送船二十七隻、東インド会社所有の武装汽船四隻、陸軍兵士四千人という大部隊を派遣した。清国はひとたまりもなく敗戦し、英国が経済的収奪を行うことを容認する屈辱の南京条約を結ばされた。英国のすさまじい侵略行為である。日本は、地球上のどの国に対してもこうしたことを行ったことはない。

南京条約の内容は、香港割譲（九十九年租借）、五港を自由貿易港として開港（広州、福州、厦門、寧波、上海）、多額の賠償金（六百万ドル）、片務的最恵国待遇、関税自主権喪失という極端な不平等条約である。英国は中国に麻薬取引を強要して、麻薬代金支払いのトラブルから阿片戦争を起こし、そのあげく香港まで取り上げたのだから酷いものだ。

中国は、これ程酷い侵略行為を行った英国に対して、侵略の廉で非難することはない。非難しても何も良いことはないからだ。英国も絶対に謝罪はしない。対照的に日本は侵略をしたこともないのに侵略をしたと自己申告をして、謝ってばかりいる。中国も日本を非難すれば必ず何か良いことがあるから執拗に非難する。軽く見られているだけだ。

清朝の末期においては動乱が絶えなかった。太平天国の乱（一八五一～一八六四年）、アロー戦争（一八五六～一八六〇）、などが起こり、満洲族政権下の清の国力は極度に疲弊した。そして一九一一年に至って、遂に漢民族の孫文による辛亥革命が起こった。漢民族が満洲族を政権から引きずりおろして、中華民国が成立したのである。満洲族の最後の清国皇帝、宣統帝が退位して、ここに清朝は滅びた。

●邦人保護の為の出兵

日本は、日露戦争後にロシア政府と清国政府との交渉を経て南満洲鉄道の権益を正当に獲得した。第一次世界大戦の折には連合国の一員として戦い、戦後、ドイツの権益を継承した。その運営のために**邦人も多数駐在していたが、その安全は常に危機的な情況にあった。当時の北東シナには、暴動や反乱が起きた時でもこれを鎮圧する治安能力を保持する政権が成立していなかったので、邦人の安全と生命を護るためには本国から出兵をせざるを得なかった。**日本は出兵の都度、当時主権を争って複数存在していた政治勢力（中国政府とは言えない）の各々に通告をしていた。第一次山東出兵や、第二次山東出兵（蒋介石の北伐軍による済南事件の邦人虐殺に関連）はその典型的な例だ。

第一次山東出兵は次のように行われた。当時の山東地方（青島、済南など）には日本人約一万七千人（外務省調べ）が居留しており、投資額も一億五千万円と莫大だった。昭和二（一九二七）年、蒋介石の中華民国北伐軍（国民革命軍）が北上してきて各所で戦闘を行い、山東半島が戦場となる危険性が大きくなった。それ以前に北伐軍から受けた略奪や虐殺の被害の経験もあったので、日本としては放っておけなかった。

しかし慎重な田中義一内閣は、英、米、仏、伊の諸国の意見も打診して、居留民保護のための出兵に列強の反対がないことを確かめてから、昭和二（一九二七）年五月二八日に山東に出兵した。

約十日後に英・米・仏も軍隊を派遣した。各国とも出兵は北京政府、武漢政府、南京政府の三政治勢力（当時のシナは混乱していて主な政治勢力だけで三つもあった）に理由を通達した上で行ったのだが、三勢力ともこれに抗議してきた。

七月末から八月始めにかけて、蒋介石軍は張作霖軍と決戦を行ったが、大敗を喫してしまい、蒋介石は南シナに引き上げた。日本はこうした情況下で邦人保護の為に出兵し、九月八日までに撤兵を完了したのである。以上が第一次山東出兵である。

第二次山東出兵は次の通りの経過を辿った。昭和三（一九二八）年三月、形勢を立て直した蒋介石の北伐軍は広州を出発して山東省に接近した。四月末には約十万人の北伐軍が市内に突入した。日本軍も直ちに兵力を増派して、約六千人が山東省各地に展開してこれを迎え撃った。しばらくは日本軍と北伐軍が睨み合いを続けていたが、五月三日に至って北伐軍兵士による日本人家屋ならびに日本人への、集団的かつ計画的な、すさまじい略奪・暴行・陵辱・殺人事件が起こった。「**済南事件**[108]」である。

日本人惨殺状況に関する外務省公電には、「腹部内臓全部露出せるもの、女の陰部に割木を挿し込みたるもの、顔面上部を切り落としたるもの、右耳を切り落とされ左頬より右後頭部に貫通突傷あり、全身腐乱し居れるもの各一、陰茎を切り落としたるもの二」とある。

こうした中国人兵士の残虐さは、この事件以前からのものである。軍紀の厳しい日本軍はこのような残虐行為は行わなかった。稀に犯すものが現れると厳罰に処したことが記録に残っている。

五月九日、第三師団の山東派遣が命じられた。これが第三次山東出兵である。日本軍は市内に二千人いる日本人保護のために済南城を攻撃、五月一一日には済南城ならびに済南全域を占領した。

●張作霖爆殺事件

蒋介石の北伐軍と戦った張作霖は、北東シナの吉林省地区における馬賊の頭目で、朝鮮人参やアヘンの密売で利益を得ていた。日露戦争の折にはロシア側のスパイとして活動したので、日本軍に捕縛されたが、張の能力を買った児玉源太郎陸軍参謀次長の計らいで処刑を免

108）済南事件：日本人居留民の被害、死者十二（男十、女二）、負傷後死亡した男性二、暴行侮辱を受けたもの三十余、陵辱二、掠奪被害戸数百三十六戸、被害人員約四百名、生活の根底を覆されたもの約二百八十、との記録が残っている。

れた。以後は親日派の軍閥として蒋介石軍と戦った。

昭和三（一九二八）年六月四日、奉天（現瀋陽市）近郊で起こった張作霖爆殺事件から日本の北東シナへの「侵略」が始まったと、俗説では言われてきた。事件は河本大作大佐関東軍参謀が、満洲覇権王として必ずしも日本の言うことを聞かなくなった張作霖を爆殺したものであるとの見方が、かつては支配的だった。

しかし、その後の多くの研究により異論が出ている。現在ではスターリンの命令に基づいてソ連赤軍特務機関のナウム・エイチンゴンが計画したものという説が最も有力である。筆者もこちらの方がより合理的な解釈であると考えている。

張作霖

これより先に、ソ連特務機関による張作霖暗殺未遂事件が起こっているのだ。暗殺未遂事件以来、張作霖はソ連との対立を深めていた。そうした事情を分析して発表したのがドミトリー・プロホロフ氏だ。これについては元谷外志雄APAグループ代表がプロホロフ氏をサンクトペテルブルクに訪問して詳細を雑誌『アップルタウン』二〇〇九年一二月号に発表している[109]。

109）プロホロフと元谷外志雄代表との対談（アパグループ HP 内）：http://apa-appletown.com/bigtalk/1439

それ以降の日本の行動を、習近平はシナ大陸に対する侵略であると執拗に非難する。毛沢東が日本に感謝したのと対照的だ。しかし、それはまるでエジプトを征服（BC三〇年）したローマ帝国が、かつて（BC三三二年）エジプトに侵入した古代ギリシャのアレクサンドル大王を侵略者呼ばわりして非難するようなもので、ほとんど意味がない。アレクサンドル大王がエジプトへの侵略者なら、ローマ帝国もそうである。習近平だって蒋介石政権を放逐したシナ大陸への侵略者ではないか。

●柳条湖事件

ところが張作霖爆殺事件から三年後の一九三一年に、柳条湖事件が起きた。日露戦争によって日本が正当に引き継いだ南満洲鉄道が爆破された事件である。これまでは、日本の関東軍がこれを中国軍による犯行として満洲占領の口実としてでっち上げたという説が支配的であったが、実はこの事件にも不明な部分が多々ある。現在ではむしろコミンテルンの策謀であった疑いの方が、より強くなっている。

万里の長城を越えて北へ逃げてきた満洲族は、日本の関東軍の庇護の下に北東シナにおける独立を宣言して翌三二年三月に満洲国を建国するに至った。満洲国皇帝には清朝最後の皇帝だった愛新覚羅溥儀がついた。なお、この際に日本は律義に中華民国と条約および協定を結んで、日本が満洲権益を引き継ぐことについて了承を取り付けている。問答無用と周囲を蹴散らしたロシアとは違う。

ところが中国は一旦了承したものの、満洲族が日本の支援を得て満洲国を建国したのがどうしても気に入らなかった。そこで中国は国際連盟に、満洲国建国の無効と日本軍の即時撤退を求めて提訴したのである。日中間協定の違反である。

●リットン調査団の報告と日本の国際連盟脱退

国際連盟は「リットン調査団」を派遣し、一九三二年三月から六月まで現地および日本を調査して結果を「リットン報告書」にまとめた。しかし、これは中国寄りの事実誤認の報告書だった。翌年の二月、国際連盟は総会で報告書を審議した。日本の松岡洋右代表は、満洲国は自主的に独立した主権国家であると主張して、報告書に異議を申し立てた。しかし、総会では四十二カ国の賛成で可決されてしまった。

日本政府はこれを不服として昭和八（一九三三）年三月に国際連盟脱退を通告した。日本国民はこれを拍手喝采して支持し、朝日新聞は『連盟よさらば！連盟、報告書を採択し我が代表堂々退場す』と大きく報じた。なお、脱退の正式発効は、二年後の一九三五年三月二七日で、日本はそれまで分担金を払い続けた。

リットン報告書の誤認の第一は、日露戦争の結果ロシアから正式に継承した南満洲鉄道沿線についての日本の権益は認めたが、現実を無視して日本軍に満洲からの撤退を勧告したことである。当時の満洲は、全く統制が取れていなかったため抗争が絶えず、無主地も同然のありさまだった。これを中国は自国の領土であると主張したのだ。

満鉄経営のために駐留していた邦人が虐殺される事件が多発したので、日本も邦人保護のために軍隊を駐在させていた。リットン報告書は、無主地同然の治安が乱れた地域においてさえも、日本に〝スッポンポン〟になれと言ったのだ。日本国民はこれに憤激して各所で抗議集会が行われた。**リットン報告書の誤認の第二は、中国は満洲を中国の領土であると説明し、調査団がこの説明を鵜呑みにしたことである。満洲は万里の長城の北側に位置しており、民族も漢民族とは異なる。**

白人同士でもドイツとフランスは違うように、黄色人種同士でも、満洲族の満洲と、漢民族の中華民国は違う国で、民族も異なるのだ。かつて満洲族（女真族）やモンゴル族などの北方民族が長城を越えて南下してシナに侵略し、漢族を支配したものだが、その逆、すなわち万里の長城を越えて北上して覇権を確立した国はない。漢民族の中華民国の領土は歴史的に万里の長城の内側だけなのだ。

●満洲事変

満洲事変とは、先述の昭和六（一九三一）年の柳条湖事件に端を発し、関東軍による満洲（現中国東北部）全土の占領を経て、昭和八（一九三三）年五月三一日の塘沽《とうこ》協定成立に至る日本と中華民国との間の武力紛争のことをいう。

中国共産党とソ連進出による赤化の危険性について日本が抱いた危機意識が、満洲事変によって現実のものとなったのである。前述の奉天郊外の柳条湖において南満洲鉄道の線路が爆破されたのを機に、日本の関東軍と張学良（張作霖の長男）の東北軍が衝突した。

この事変は、長らく関東軍の板垣征四郎大佐と参謀石原莞爾中佐が謀略をめぐらせて、中国側の仕業であるかの如く演出したものと見做されていた。しかし、真の爆破犯人には諸説があるが先述の通り、コミンテルンの策謀であった可能性が強い。

これを機に現地の反日姿勢が強まった。しかし、もし日本が全面撤退したらソ連が進出してくるのは明らかだったので、撤退するわけにはゆかなかったのだ。満洲事変勃発後、**若槻礼次郎内閣は衝突不拡大の方針を立てた。それにより、満洲に親日的な主権国家をつくるという国策を確認した。**

なお、米国は日本が中国に治外法権や専管租界などの特権をもっていることを執拗に批判したが、米国がそんなことを言えた義理ではなかった。中国に対する治外法権を撤廃したのは、米国よりも日本の方が早かったのである。米国は日本の在支特権を非難しながら、自らは最恵国待遇によって特権的利益を享受していたのだから言行不一致である。

米国はシナ大陸への進出に後れを取ったとはいえ、アヘン戦争で清が英国に敗北したあげく、英国と南京条約、虎門寨追加条約を結ばされたことにつけ込んで、一八四四年七月三日にマカオ郊外の望厦《ぼうか》村において、清が英国に南京条約で認めた内容とほぼ同様のことを定めた修好通商条約を結んだ。清国から見ると関税自主権の喪失、治外法権などを定めた不平等条約であった。これを望厦条約（Treaty of Wanghia）と称する。米国は、日本の中国進出を非難できるような立場ではなかったのである。

●盧溝橋事件と西安事件

盧溝橋事件は日中間の戦争のきっかけになった重大な事件であるが、実は中国共産党の画策によって引き起こされたものだった。この時点では蒋介石は共産党軍を西安地域にまで追い詰めていた。そして、二十個師団と百機を超える航空機を投入して最後の殲滅作戦の一撃を共産党軍に加えようとしていたのである。**もう一息で共産軍は壊滅**しようとしていたのだ。

ところが一九三六年（盧溝橋事件が起こった前年）に、西安事件[110]が起こって情況が完全にひっくり返ってしまった。蒋介石の部下で共産党軍の北上長征を阻止する任務についていた張学良が、蒋介石の共産党軍壊滅方針に以前から批判的であったので、このタイミングで蒋介石を裏切ったのである。そして、ひそかに敵側だった共産党の周恩来と誼《よしみ》を通じたのである。

張学良は、当時、西安の地方軍閥であった楊虎城《ようこじょう》[111]らと共謀して、突然に蒋介石を拘束・監禁してしまった。明智光秀が裏切って織田信長を本能寺に攻め込んだようなものだ。これが西安事件である。この項の題名を「盧溝橋事件と西安事件」としたのは、盧溝橋事件と西安事件が不可分に関わっているからである。

蒋介石を拘束した張学良は中国共産党及びコミンテルンと協議の結果、蒋介石は生かしておいて日本軍と戦うことに集中せしめた方が得策だろうということに

110）西安事件：1936年12月12日、共産軍討伐のため陝西省の西安に駐屯中であった張学良指揮下の東北軍と、楊虎城の十七路軍が、南京から西安へ督励に来た蒋介石を監禁し、国共内戦の停止と挙国一致による抗日を要求した事件。スターリンのコミンテルンは以前から中国共産党に対して、蒋介石と日本軍を戦わせて両者を共倒れさせることにより、中国の共産革命を成功に導くようにとの指令を与えていた。

111）楊虎城：蒋介石軍の国民党の第十七路軍を率いていたが、蒋介石の方針である「安内攘外」方針、すなわち先ず国内の共産党を絶滅せしめてその後に抗日をするという方針に反対の意見を持っていた。

なった。蒋介石は当初からの重点策であった南シナにおける中国共産党壊滅作戦を放棄することを強制されたわけである。

蒋介石は、遂にはこれを受け入れることにした。当時、ソ連に留学中であった息子の蒋経国を人質に取られてしまっていたので、息子の無事帰国を条件として、いわゆる「内乱中止」と「国共合作」（国民党軍と共産党軍の共同作戦）に合意したのである。

これにより中国共産党は、エネルギーの約七十％を南シナの勢力増強に、約二十％を蒋介石との国共合作に、そして残りの約十％（実際は、はるかに少なかった）だけをほんの申し訳程度に対日戦争に振り分けるという長期戦略を打ち立てることができたのである。そして蒋介石は北東シナにおける日本軍との戦闘に集中させられたのである。

中華民国の北京大学学長・思想家・外交官で、後に台湾に逃れた胡適《こてき》は、「もし西安事件がなければ、中国共産党はほどなく消滅していたであろう。西安事件が我が国に与えた損失は取り返しのつかないものだった」と述懐した。

●盧溝橋事件をきっかけに戦火拡大

昭和一二（一九三七）年七月七日の夜に、北京南西郊の盧溝橋付近で演習中の華北駐屯日本軍一木大隊の中隊に対して十数発の弾丸が撃ち込まれた。なお、日本軍は明治三三（一九〇〇）年に起きた義和団事件の結果、条約で駐留が認められていた。

当時の事情について、橋本群陸軍中将（駐屯軍参謀長）は、「(我々は丸腰で）実弾を持っていなかったので夜陰に銃撃を受けても応戦することができず、非常に危険な状況に置かれた」と証言している。それでも日本側は、銃撃を受けてから実に七時間もの間、全く応射もせずに自重して調査をしていた。しかし、再度、国民党軍が撃ってきたので体勢を整えて応戦した。

しかし後になってわかったことだが、奇妙なことに当の国民党軍も日本軍同様に銃撃を受けていたのである。実は共産党の工作員が夜陰に乗じて盧溝橋付近に駐屯していた日本軍と中国国民党軍の双方に発砲したのだ。後述するように、中国共産党軍が仕組んだ謀略であったのだ。このことは後に中国共産党が自ら認めている。

この事件が発端となって、日本軍と国民党軍は交戦状態に突入したが、**双方共、事件不拡大方針で交渉**を行い、事件発生後五日目に日支両軍は停戦協定を結んだ。しかし、その直後に廊坊事件[112]（二五日）、広安門事件[113]（二六日）、そして次項に述べる通州事件（二九日）が続けざまに起こった。いずれも国民党軍による残虐行為を伴う攻撃であった。

日本国内の世論は大いに憤激して「暴支膺懲《ぼうしようちょう》」一色となった。それまで不拡大方針を取っていた近衛政権も引くに引けない情況となり、日本軍は反撃を開始して同月三一日までに北京・天津一帯を制圧した。結局はこの盧溝橋事件が実質的な契機

112）廊坊事件：北平（北京市）近郊の廊坊にある廊坊駅（現在の廊坊北駅）で発生した日中間の武力衝突。日本軍は、通信隊の修理班に歩兵一中隊の一部を付けて、あらかじめ国民党側に通知したうえで、通信設備の修理のために、約百名を派遣した。そこに国民党軍の約六千名の兵が駐屯しており、突然、日本の修理班に軽機関銃による銃撃をしてきた。

113）広安門事件：北平（北京市）にいた日本人居留民の保護のために、国民党の政務委員会に連絡して秦徳純市長の承諾を得て移動していた日本陸軍の支那駐屯歩兵第二連隊第二大隊（約千名）がトラックに分乗して北京城内の日本兵営に向かって移動していたところを襲撃された。

となり、日中間の全面戦争に発展してしまった。これは、欧州列強が行った植民地経営による経済的収奪を目的とする、いわゆる侵略とは全く異なる。戦後、共産党軍の兵士向けのパンフレットに、「盧溝橋事件は我が優秀なる劉少奇同志（後の国家主席）の指示によって行われたものである」との記述があることが判明[114]した。また、昭和二四（一九四九）年一〇月一日の「中華人民共和国」成立の日に周恩来首相が、「盧溝橋事件の際、我が共産党軍が、日本軍と国民党軍の双方に夜陰に乗じて発砲して、日華両軍の相互不信を煽って停戦協定を妨害したので、今日の中国共産党の栄光があるのだ」という趣旨の発言をしている。

現在では、遠藤誉筑波大学名誉教授らの研究によって盧溝橋事件は蒋介石が周恩来との約束を守って引き起こした事件であることが明確になっている。共産党軍が自ら宣伝しているように、裏で共産党軍が蒋介石軍と日本軍の両者を刺激するために銃撃を加えたのである。従来言われてきたように、日本軍がこれを引き起こしたのでは断じてない。

このことからも、日中戦争は確実に中国共産党の謀略によって引き起こされたものと言える。実際、**共産党軍は、直接に日本軍と戦闘を行うことはほとんどせずに、もっぱら蒋介石の国民党軍に戦わせて体力を温存したのであ**

114）後に中共軍の将校になった葛西純一氏の『新資料：盧溝橋事件』によれば、『私が盧溝橋事件の仕掛人は中国共産党であると初めて知ったのは、1949（昭和 24）年 10 月 1 日の北京政権誕生直後、河南省洛陽市西宮に駐屯する中国人民解放軍第四野戦軍後勤軍械部（兵器弾薬部）第三保管処に現役将校（正連級、日本の大尉に相当）として勤務している時であった。その頃、閉された中国大陸は“人民中国”の誕生にわきかえっていた。中国人民解放軍総政治部発行のポケット版『戦士政治課本』（兵士教育用の初級革命教科書で、内容はいずれも中国共産党の偉大さを教えるものばかり）は、「七・七事変（葛西注＝中国では盧溝橋事件を一般にそう呼ぶ）は劉少奇同志の指揮する抗日救国学生の一隊が決死的行動を以って党中央の指令を実行したもので、これによってわが党を滅亡させようと第六次反共戦を準備していた蒋介石南京反動政府は、世界有数の精強を誇る日本陸軍と戦わざるを得なくなった。その結果、滅亡したのは中国共産党ではなく蒋介石南京反動政府と日本帝国主義であった」と述べている』

る。

万里の長城の南側では、毛沢東の共産軍が勢いを盛り返し、結局、蒋介石軍は敗れて、米国からも見放されて台湾に落ち延びることになったのだ。後日、毛沢東が、「中華人民共和国が建国できたのは日本が蒋介石軍と戦ってくれたお陰である」と感謝したのは、この辺の事情に基づいている。

なお、張学良と共に蒋介石を拘束した楊虎城は、戦後、国民党政府に逮捕され、一九四九年に米国と国民党政府が設置した政治犯収容所で、幼い娘、秘書夫妻、警護兵と共に死刑に処せられた。明智光秀に擬せられる裏切り者の張学良は、国民党政府の軍法会議にかけられて五十年間にわたり軟禁された。しかし軟禁解除後は百歳まで長生きして、二〇〇一年にハワイで客死した。退却中に土民に発見されて殺された明智光秀とは異なる生涯だった。

西安事件における画策のおかげで、シナ大陸を統一して政権を打ち立てることができた毛沢東の共産党は、本来ならば大功労者であったはずの張学良と楊虎城を救わずに見殺しにしたのである。

●通州事件

同じ年の昭和一二（一九三七）年七月二九日（盧溝橋事件から二十二日後）に、現在の北京市通州区北部の中心都市、通州において日本人に対する大虐殺事件が起こった。当時、現地には日本人妻を持つ殷汝耕《いんじょこう》が、南京政府から離脱して設立した冀東《きとう》防共自治政府という日本側に協力する組織があったのだが、冀東防共自治政府内の謀反分子が中国側に寝返ったのである。

中国側の保安隊の千数百名が殷汝耕を逮捕して日本人への襲撃を行った。当時、通州の日本軍守備隊は、主力が南苑攻撃に向かっていたために留守で、少数の守備兵しか残っていなかった。

日本の守備隊、及び日本人居留民はむごたらしい虐殺の目にあった。居留民三百八十五名のうち二百二十三名が虐殺され、女性は老いも若きも全員が強姦された上で殺害された。殺害方法も猟奇的かつ残虐なものが多かった。

生き残りの安藤利夫[115]氏（同盟通信社北支特派員。保安隊に捕まって処刑場に連行される途中で刑場の塀に飛びついて逃れた）によれば、強姦されて陰部に棒状の物を刺された女性の遺体、テーブルの上に並べられていた喫茶店の女子店員の生首、斬首後に死姦された女性の遺体、むごたらしくも腸を取り出された遺体、針金で鼻輪を通された子供などが残されていたとのことだ。

中国人のふりをして辛くも難を免れた佐々木テンさんの証言[116]も、『通州事件〜目撃者の証言』（藤岡信勝編著　自由社　平成二八年）に詳しく紹介されており、人間の仕打ちとは思えない中国人によるおぞましい残虐さが語られている。インターネットで読めるので、本書の注釈にあるリンク先を是非とも参照願いたい。安藤・佐々木両氏の証言は、いずれも筆者も属している「史実を世界に発信する会」により英文化されて世界に発信されている。

中国は、南京大虐殺記念館において日本軍は住民に対してこれに類した残虐行為を行った

115）安藤利夫氏手記：http://hassin.org/01/wp-content/uploads/ando.pdf
116）佐々木テンさん証言：http://www.sdh-fact.com/CL/Testimony-of-Ms.-Sasaki-Ten.pdf

という展示を行っているが、とんでもない話だ。中国人は、自分たちが持つこうした残虐性向のDNAを日本人も当然持っているものと思い込んだものだ。日本人は、女性に対して陰部に異物を押し込むなどのこうした猟奇的な残虐行為をするDNAは持っていない。

日本でも戦国時代には残虐行為がなかったとは言わないが、女性に性的な辱めを加えるなどの行為は決して行っていない。

史上、最も残虐であったとされている、かの秀吉が秀次とその妻妾子を処刑した時でも、三条河原に四十メートル四方の堀を掘って鹿垣《ししがき》を結んだ中で迅速に処刑が行われた。観衆の中からは余りに酷いと奉行に対して罵詈雑言が発せられ、この秀吉の仕打ちは武人にあるまじき非道な暴挙として長らく非難され、秀吉は軽蔑の的となったのである。

秀次らの処刑の跡地には供養のために瑞泉寺が建立された。同寺には、秀次ら一族処刑の様子を描いた絵巻「瑞泉寺縁起」が残されており、長く世人の戒めとなった。中国人が残虐行為を行った跡地に、犠牲者を弔う施設が建立されたなどという例はない。

なお、通州事件の攻撃隊の主犯の張慶餘《ちょうけいよ》は、後に中国・国民党軍に身を投じて、最終的には同軍の中将にまで昇格した。これらの一連の事件によって日本の世論は憤激し、中国に対する感情が極度に悪化した。他方、中国全土においてもますます激しい反日・排日運動が繰り広げられるようになった。周恩来がみずから明らかにしているように中国共産党が起こした盧溝橋事件の謀略に、日本はまんまと乗せられたことになる。

●二重スパイ・潘漢年

前述の通り、昭和三九（一九六四）年に社会党の佐々木更三委員長等が毛沢東を訪問しておいての言葉を述べた時に、毛沢東が「お詫びをすることはない。日本が蒋介石の国民党と戦ってくれたおかげで、共産党の勢力拡大ができた。皇軍の力なしには我々が権利を奪うことは不可能だったでしょう。有難う」と言った。

遠藤誉筑波大学名誉教授の研究[117]によれば、一九三九年に毛沢東は潘漢年《はんかんねん》という中共中央情報組特務科出身のスパイのプロを、日本外務省諜報担当官の岩井英一上海副領事と接触させていた。毛沢東は同志であったはずの国民党軍の機密軍事情報を潘漢年を経由して日本側に提供した。この軍事情報は日本軍にとって極めて有効であった。

毎月、年収の十倍に相当する巨額の情報提供料を、岩井は外務省の機密費から捻出して潘漢年に支払った。中国共産党は、この資金を使って南シナにおける中国共産党強化のための大々的なプロパガンダを行ったのである。

日本が戦っていたのは、重慶に首都を移した蒋介石が率いる国民党の政府軍である。その軍事情報を中国共産党から得ることができ、日本軍は日中戦争を有利に持っていくことができたのである。中国共産党の勢力拡大のための深謀遠慮がうかがわれる。

その後、日本は前述（九十四ページ）したように、ルーズベルト大統領の策略に乗せられて大東亜戦争という大規模な戦争に引き込まれて、遂に敗戦に至ったのである。しかし、シナ大

117）遠藤誉筑波大学名誉教授の証言：2016年9月8日のＢＳフジ『プライムニュース』における指摘。

陸における戦闘では、日本軍は国民党軍を相手にほとんど連戦連勝を続けた。米国は、長年の友であったはずの蒋介石を見放し、共産党の中華人民共和国が成立することになる。毛沢東が日本に感謝するのは、不思議でも何でもないのだ。

●日満親善の証

すでに述べたように、満洲国は難産の末にようやく生まれたものだ。**日本政府は満洲国を友好的な独立国に育てる意向の下に、日本皇室と満洲国皇帝の愛新覚羅《あいしんかくら》家の間に姻戚関係を結ぶことにした。**皇帝の愛新覚羅溥儀は大賛成で、弟の溥傑を日本の皇族女子と結婚させたいと希望した。しかし当時の皇室典範は、皇族女子の配偶者を日本の皇族、王公族、または特に認許された華族の男子に限定していた。

そこで準皇族の立場にある嵯峨侯爵家の嵯峨浩《さがひろ》(自伝の『流転の王妃』が有名)に白羽の矢がたった。そして昭和一二(一九三七)年四月三日に華燭の典が挙げられた。浩は二十三歳だった。披露宴は林銑十郎首相以下五百人が出席し、二人を日満両国親善のかけ橋と祝福した。

列強の宗主国(オランダ王室、フランス王室、英王室など)には、かつての植民地(インドネシア、ベトナム、インド等)における支配者家族と姻戚関係を結ぼうなどという考えは金輪際なかった。日本の考えかたとは全く異なっていた。**日本は植民地支配をして収奪しようとしたのではなく、独立の友好国として育成しようとしたのである。**

愛新覚羅溥傑と嵯峨浩の結婚式
（昭和一二年四月三日）

しかし、日本の敗戦はこの夫婦を引き裂いた。昭和二〇（一九四五）年八月一八日、皇帝溥儀は退位し、満洲国は建国後わずか十三年五カ月で消滅した。終戦後の満洲地域へは共産党の八路軍が進駐してきたが、強姦・虐殺など暴虐の限りを尽くし、昭和二一（一九四六）年二月三日には通化事件[118]も起こって三千名以上の日本人が虐殺された。

筆者が日満王室間の親戚関係の経緯に言及したのは、これは日本が国家の意思として満洲国を独立の主権国家として育って欲しいと考えていた証拠であると考えるからである。

残念ながら当時、国策に背いて心得違いの日本人（特に関東軍の軍人）が満洲国の要人に極めて傲慢かつ勝手な言動を行ったという事実はある。しかし、それは日本という国家の正式な意思ではなかったのである。残念なことであるが、日本人全員が聖人君子というわけではない。

118）通化事件：終戦後の昭和 21（1946）年 2 月 3 日に、かつての満洲国通化省通化市で中国共産党軍と朝鮮人民義勇軍南満支隊（李紅光支隊）により日本人に対して一週間にわたって強姦・拷問・銃殺などの行われて民間人三千人以上が殺害された事件。

●嘘で塗り固められた「抗日戦争勝利七十周年」の式典

習近平の中華人民共和国は、一九四五年九月三日に日中戦争に勝利したと称して、七十周年を祝う「抗日戦争勝利七十周年」の記念行事を二〇一五年九月三日に北京の天安門広場において開催したが、中国らしい、すべてが大ウソで塗り固められた行事であった。

第一の大ウソは、毛沢東の中華人民共和国は、一九四九年一〇月一日に北京市において建国を宣言したのだから、一九四五年の終戦の時点ではまだ存在していない。中華人民共和国は日本と戦争をしたことはないのだから、「抗日戦争勝利七十周年」はあり得ない。

第二の大ウソは式典に出席した韓国に関するものだ。朴槿恵大統領が招待されて出席し、「中国・韓国が共に抗日戦争を戦って勝利した」と祝った。前節の「日韓関係」において述べたように、韓国は大戦当時は日本の一部だったのだから、日本と戦争をするわけがない。

第三の大ウソは、式典で行った習近平の演説である。「平和のために、中国はずっと平和発展の道を歩んでいく。中華民族は一貫して平和を愛してきた。発展がどこまで至ろうとも、中国は永遠に覇権を唱えない。永遠に領土を拡張しようとはしない。永遠に自らがかつて経験した悲惨な境遇を他の民族に押しつけたりはしない」と言ってのけたのだ。こうした台詞に最も似つかわしくないのは中国なのだから、その厚顔ぶりには唖然として声も出ない。

「中華民族は一貫して平和を愛してきた」というが、二十世紀中だけでも七十九〜八十ページに既出の通り、数々の侵略行為を行っている。

二十一世紀に入ってからも、東シナ海では十六基もの海底資源の掘削施設（軍事転用可能）を建設中であり、西沙諸島のウッディー島には二千四百メートルの滑走路が建設済、南沙諸島ではファイアリークロス礁に三千メートルの滑走路が完成しており、その他六つの礁も埋め立てて、軍事拠点化を進めている。

今まで絶対に譲ることができないと言明してきた中国のいわゆる核心的利益のあくなき追求、二〇一四年一一月の東シナ海上空に設定した防空識別圏問題などは中国の侵略体質を雄弁に語っている。

第四章　大東亜戦争の歴史的意義

第一節　大東亜戦争は侵略戦争か

■日本は共産主義の防潮堤だった

●日本を滅ぼしたのは米国の極東政策の大失敗だった

先述のマッカーサーの証言、フーバー回顧録、フィッシュの著作[119]、及びジョージ・ケナンの「X論文」などの多くの先進的な研究によって、徐々にではあるが米国には、日本を戦争に引きこんだのは、結局は米国のプラスにはならなかったとの理解と反省が芽生えてきた。

米国は、強力な盟友になる可能性を秘めていた日本を、大東亜戦争に引き込んで敗戦に追い込んでしまったことにより、シナ大陸を共産主義勢力に奪われてしまうという、〝世紀の大失敗〟を犯してしまった。その上、朝鮮半島において自らが血を流して直接に共産勢力と対峙しなければならないという羽目に追い込まれてしまった。そして、いまだに北朝鮮という鬼っ子の存在に悩まされ続けているのである。

119）拙著『ルーズベルトは米国民を裏切り日本を戦争に引きずり込んだ』参照

二〇一七年四月七日、米国のトランプ政権は、シリアのアサド政権が化学兵器を使用したことに対する制裁措置としてシリア空軍基地に向けて五十九発もの巡航ミサイルを撃ち込んだ。トランプ政権は単独での軍事行動も辞さない政権であることを世界に示したものだ。これにより、これまで国際的批判を無視して核実験とミサイル実験を繰り返してきた北朝鮮に対してトランプ政権がどう出るか、中国はどのような態度をとるのか、ロシアは、韓国は、日本に対する影響は、……と、にわかに極東はきな臭い情勢となった。

若し、「X理論」のジョージ・ケナンが存命で外交評論に健筆をふるっていたら、こうした羽目に米国が陥った遠因は、ルーズベルトが犯した極東政策の重大な誤りによって日本を戦争に引きこんで排除してしまった大失敗にあると喝破したことであろう。

●朝鮮戦争

一九五〇年一月一二日、米国のアチソン国務長官は講演で「米国の西太平洋の防衛線は、アリューシャン列島から日本列島、沖縄に至る線である」と述べた。これが朝鮮戦争（一九五〇〜一九五三年）の一つの引き金となったのである。

もっとも筆者は、これ〝だけ〟が朝鮮戦争をもたらしたとまでは思わないが、この講演の背景にあった当時の米国の西太平洋防衛線の認識が、スターリンをして朝鮮戦争に駆り立てた一因となったのは間違いないと見ている。

米国は韓国を対共産圏防衛線には入れてはいないとアチソンが述べたわけだから、スターリンは、北朝鮮の金日成に南進の指示を出したに違いないと思われる。これが朝鮮戦争の始まりであった。

朝鮮戦争の初期において連合国軍総司令官として指揮をとったマッカーサーは、日本が明治以降、如何に共産勢力の南下を恐れて自衛の為に戦ってきたのかを、初めてはっきりと理解した。目から鱗が落ちたマッカーサーは、前述の通り昭和二六（一九五一）年五月三日の米国議会上院の軍事外交合同委員会において「（大東亜戦争は共産勢力に対する）日本の自衛戦争であった」との爆弾的な証言を行ったのである。

当初、韓国軍は北朝鮮軍に釜山まで追い込まれてしまったのだが、米軍を主体とする国連軍の支援を受けて巻き返した。そして仁川上陸作戦を敢行してソウルを奪還し、更には鴨緑江付近まで押し返した。しかし義勇軍と称する中国人民解放軍が満鮮国境を越えて総攻撃を開始すると、国連軍は三八度線の南に押し戻されてしまった。

そこでマッカーサーは、「兵站となっている満洲に大規模空爆を加えるべきであり、場合によっては原爆を使用するべきである」とトルーマン大統領に進言した。しかし、**トルーマンは、それがソ連との全面的な核戦争に発展する危険性があると判断したので、マッカーサーの進言を採用せず、マッカーサーを解任してしまった。**戦線はその後、一進一退の膠着状態に陥り、休戦となって現在に至っている。その後、講和条約は結ばれていないので、国際法的には現在でも韓国と中国は敵国同士の関係のままのはずである。

トルーマンが原爆使用を躊躇したという事実は、核兵器の戦争抑止力を物語る一つの実例といえよう。北朝鮮の金正恩は「どんな小国でも核兵器を持てば決して滅ぼされることはない」と言った。悔しいが真実だ。トルーマンは日本には原爆が無かったから、原爆を落とすことができたのである。断言するが、もし日本が核兵器を持っていたら日本への原爆投下は絶対に無かったのである。

●ジョージ・ケナンが米国の容共政策を批判

戦後、ジョージ・マーシャル国務長官の下で政策企画本部長を務めたジョージ・フロスト・ケナンは、一九四〇年代から五〇年代末にかけての外交政策立案者で、ソ連の封じ込めを柱とする米国の冷戦政策を計画した。ドイツ語、フランス語、ポーランド語、チェコ語、ポルトガル語、ノルウェー語を自在に操った外交官だ。

なお、ケナンは前述の通り、「日本の満洲権益の存在がロシアの南下圧力を押さえて極東アジアの政治的安定、安全保障に寄与していた」との認識を主張して、日本はシナを侵略したわけではないと指摘している。

ケナンは、ルーズベルトが採った「ソ連と協力して日・独を叩く」という容共政策を根本的に批判した。つまり、日本を排除してしまったために、それまで日本が果たしてきた共産主義の防波堤という役割を米国自身が自ら担わなければならなくなったと指摘し、米国はそれに対する反省が必要であることを主張したのである。ケナンは、「今日われわれは、日本人が朝鮮及び満洲地域で

ジョージ・フロスト・ケナン

半世紀にわたって直面し背負ってきた問題と責任を、自ら背負い込むことになったわけである。この重荷を他人に背負ってもらっている時には、われわれはその他人を有り難く思わなかった。今われわれが感じている苦痛は当然の罰である」と述懐している。

一九三七年までケナンは在モスクワ米国大使館の高官を務め、一九四四年には代理大使、一九五二年には駐ソ連大使として勤務した。しかし在任中に、ソ連をナチス・ドイツに擬して発言をしたことを咎められて、ソ連からPNG（ペルソナ・ノン・グラータ＝好ましからざる人物）宣告を受けて帰国し、その後は主としてプリンストン高等研究所で外交・国際関係分野の学究生活を送った。

ケナンはモスクワ在任時、ソ連の行動を詳細に分析してワシントンに通称「長文電報」で報告した。この「長文電報」は、トルーマン政権内で回覧されて、アメリカの冷戦外交の基本方針となる「封じ込め」政策につながった。更に一九四七年には有力外交誌「フォーリン・アフェアーズ」に、『ソヴィエトの行動の源泉（The Sources of Soviet Conduct）』と題する十七ページの論文をXという匿名で書いて、ソ連の侵略体質について警告した。この論文は後に「X論文」として知られるようになり、ケナンの名は一躍有名になった。X論文の趣旨は概略次の通りであった。

ソ連権力の政治的性格は、マルクスの共産主義イデオロギーによって生み出された。マルクスによれば、資本主義体制は資本家による労働者階級の搾取につながるものであり、資本主義は己を破壊する種を内蔵している。それ故に政権は必然的に革命によって労働者階級へ移転する。そして資本主義は必然的に帝国主義に変貌してゆくので、戦争と革命を誘発することになる。

ソ連と資本主義国とは共通の目的を持ち得ないから、互いの協調や協力を考えても無益である。ソ連は、資本主義は必然的に崩壊すると考えているから、急いで積極的に我々資本主義国を打倒しに掛かるわけではないだろう。

従って米国の対ソ政策の基本は、ソ連の政策に対する、長期の、辛抱強い、しかし強固で注意深い封じ込め（Containment）でなければならない。ただし、ソ連が一旦世界の安定を乱すような拡張的な傾向の徴候を示した場合には、米国は直ちに強固な封じ込めを開始するべきである。ソ連の圧力は利益誘導や説得では解消されないからである。

ソ連は世界的工業国になろうとしているが、労働の質が貧弱な上に、労働者は恐怖と強制に駆り立てられており技術的な誇りが不足している。そして秩序を失ったソ連は、いずれは大混乱を来たすであろう。

そして、ケナンは戦前の米国の極東政策を批判し、日本と共通した理解を米国も持つべきであったと指摘したのである。

■大東亜戦争は日本の自衛戦争

●フィッシュ共和党党首のルーズベルト批判

日米開戦の折にルーズベルトの民主党に対抗していた野党共和党の党首ハミルトン・フィッシュは、ルーズベルトが日米開戦を企てたのは犯罪的行為であったと批判した。その著書『Tragic Deception』においてフィッシュは次のように述べている。

フランクリン・ルーズベルト大統領は、その絶大な権力を使って、ついに米国を日本との戦争にまきこむことに成功した。（中略）**ルーズベルトは、われわれをだまし、いわば裏口からわれわれをドイツとの戦争にまきこんだのである。**

（中略）

ルーズベルト大統領およびコーデル・ハル国務長官は、パールハーバーの十日前に、日本に対し、意図的に最期通牒（筆者注：ハルノート）**を送っている。そのメッセージは、「日本の陸・海・空軍および警察を、インドシナ（ベトナム）と満州（中国）から引き揚げよ」**

というものであった。これによって、日本には、自殺するか、降伏するか、さもなくば戦うかの選択しか残されなかった。

（中略）

その時点で、大統領は、全軍総司令官として、ハワイおよびフィリピンの米軍に対し、これを通知すべきであったが、ルーズベルトはこれを行なわなかった。なぜか。これは、彼が日本の米国攻撃を止めさせたくなかったためとしか考えられない。

（中略）

議会内のだれ一人として、戦争のための最後通牒、日本の反応、およびその後の事実の隠匿については、少しも知らなかった。現在に至るまで、依然として多くの米国人はこれを知らないか、または事実に直面することを拒んでいるかのどちらかである。

（邦訳『日米・開戦の悲劇』監訳：岡崎久彦　ＰＨＰ文庫より）

ルーズベルトの行為については、どうせ国際社会は各国の権謀術策が衝突し合う場なのだからルーズベルトなりの国益推進の政策の一端に過ぎなかったという解釈が、日米両国において支配的であった。しかし、戦後から二〇〇〇年までの六十年近い間に行われた無慮十一回に及ぶ上下両院の査問会議や調査委員会の結果、ルーズベルトの行為は米国歴代の大統領としてはあるまじき品格下劣な犯罪行為であったことが判明して、当時処罰されたキンメル太平洋艦隊司令長官及びショート陸軍司令長官の名誉回復が行われたのは、前章で詳述したとおりである。「はじめに」においても触れたことであるが、米国は頭を抱えてしまった。なにしろ、トルーマンは「原爆投下は、日本の卑劣な真珠湾攻撃への報復でもある」とまで口走ってしまったからである。日米開戦、東京大空襲、原爆投下、東京裁判を引き続き正当化しておくためには、日本を悪者のままにしておく必要がどうしてもあった。そのため米国は連邦情報公開法（一九六六）における関連公文書の機密指定期間を例外的に六十五年、すなわち二〇六五年までと設定したのである。

しかし、それまで待たなくても既に多くの研究により、ルーズベルトは米国大統領の中の例外中の例外であったことが明らかになりつつある。これも「はじめに」において簡単に触れたことだが、『幻の日本爆撃計画』の著者アラン・アームストロング氏が述べたように、「若し彼が存命であったならば（韓国の朴槿恵大統領のように）国家反逆罪の科で弾劾裁判の対象になったかもしれない」のだ。

しかし所詮、歴史認識は多様で相対的なものであるから、百の国があったら百の正義があるのは当然である。日本は独自の歴史認識を堂々と主張すれば良い。

なお、本項については拙著『ルーズベルトは米国民を裏切り日本を戦争に引きずり込んだ』（ハート出版）において詳細に解説したので、ご参照願いたい。

第二節　アジア諸国の独立支援

■アジア諸国（除：中国）における戦争

大東亜戦争の開戦当時、東條内閣の重光葵外務大臣は米国と戦わざるを得ないことを悟って、「戦うことに決した以上、日本国の名誉の為にも堂々たる主張がなければならぬ。それは『アジア諸国の解放と独立』である」と進言し、政府は天皇陛下のご裁可を得て大東亜共栄圏の構想を国策として推進したのだ。

●大東亜共栄圏構想

満洲において日本の国家としての本意に沿わない動きがあった事まで否定するつもりはないが、日本が政策的に占領地を植民地化しようとしたことは全くない。日本は侵略も植民地経営もしたことはないというのが事実なのだ。

昭和一八（一九四三）年には既に日本の敗色が濃くなっていたが、重光葵外務大臣の発案により東京で大東亜会議が行われ、アジア諸国の首脳が出席した。日本（東條英機首相）、中国（汪精衛行政院長）、満洲国（張景恵国務首相）、タイ（ワン・ワイタヤコン首相代理）、フィリピン（ラウレル大統領）、ビルマ（バ・モオ首相）、及び自由インド仮政府のチャンドラ・ボース主席などだ。

同会議ではこれらのアジア諸国の代表は「白人支配からの解放」の成果を高らかに賛美した。これは虚偽にまみれた東京裁判史観を正すことになる、大東亜戦争の「虹」であった。自虐史観に取りつかれた者が言うような「アジアの傀儡を集めた茶番劇」などでは決してなかった。

誰が何と言おうとも、**日本が大東亜戦争を戦うことなしに、これほど速やかにかつ広範囲にアジア諸国が白人国家の欧米列強による植民地支配を脱して独立を達成することは事実問題としてあり得なかった。**これは厳然たる事実である。中・韓以外のアジア諸国は異口同音に日本に対する感謝の念を述べている。

「日本の存在しない世界を想像してみたらよい。もし日本なかりせば、ヨーロッパと米国が世界の工業国を支配していただろう」（マレーシアのマハティール首相。一九九二年・香港。本スピーチの最中に欧米代表が立腹して退席した）

「五十年前の戦争をなぜ詫びるのですか。米国、英国、オランダ等は侵略をしても詫びたことはありません」（フィリピンのラモス大統領。一九九四年・土井たか子衆院議長の謝罪の辞に対して）

「ビルマはこのビルマに対する最大の貢献に対する日本人への感謝を永久に記憶せんことを希望する」（ビルマ初代首相バ・モオ。一九四三年・独立式典にて）

「日本はアジアの光である。大東亜戦争はアジアの独立のための戦争であったゆえ、本来ならアジア人が戦うべきであったのに、日本人が敢然と立ち上がって犠牲になった」（インドネシアの大統領特別補佐官アリ・ムルトポ准将。一九七七年・マニラでの国際会議で日本を批判する韓国代表を窘めて）

大東亜会議において各国の代表の前で演説する自由インド仮政府代表チャンドラ・ボース

「台湾人から、なぜ日本統治に対する恩讐や批判の声が出てこないのか。それは戦前の日本人は実に立派であり、そして日本による台湾経営が素晴らしかったからである」（蔡焜燦[120]）

等々、枚挙にいとまがない。

120）蔡焜燦：雑誌『SAPIO』2005.5.25 号

おわりに

●大東亜戦争の真相を知って「永久革命の種」を打破しよう

かつて江藤淳氏は、戦後ＧＨＱは占領政策を実行する中でいわゆる「永久革命の種」を仕込んだと指摘した。

ＷＧＩＰには、日本人の潔い謝罪の心、反省心、他者との関係性を重視する心を巧みに利用する仕組みが内蔵されていたので、自虐史観は日本人の心の底深くに根付いて、自律的に拡大再生産を続けて現在に至っている。『永久革命』と呼ばれる所以だ。

ＧＨＱは、日本の敗戦も、東京などへの無差別爆撃による非戦闘員の殺戮も、また広島・長崎への原爆投下も、すべて日本の〝軍国主義者〟の責任であって、米国はこれを懲らしめただけであるから何の責任もないという虚構の図式を、日本人に植えこんだのである。

日本人が前向きな発想と姿勢を取り戻すためには、日本の学校では決して教えない大東亜戦争の真相を知って、後ろめたさを払拭することが必要だ。日本と日本人は大東亜戦争においてなんら恥ずべき行為はしていないし、侵略などはしていない。過剰な謝罪心と後ろ向きの反省心から解放されることが必要である。

●日米関係の重要さ

日米両国が将来ともに同盟関係を強固にして維持してゆくことは、世界の平和の為にも日本の繁栄と平和の為にも、極めて重要である。何度でも言うが、歴史認識の面で論争などを行って日米両国が非難し合って、日米関係にひびを入れるようなことは愚行の極みである。本書の趣旨と矛盾するように響くかもしれないが、決してそうではない。日本は韓国のようなルサンチマンに取りつかれたままでいるべきではなく、未来志向の合理的かつ積極的な思考をすべきなのだ。現状では、日本の安全保障政策のパートナーは米国以外に考えられない。まさか中国やロシアと組むわけにはゆかない。

日本の長期的な安全保障策は、国際的な共同安全保障の枠組みの中で確保すべきであるが、国連は、そうした目的のためには全く役に立たない。国連憲章（第五十三条、百七条、及び七十七条の一部）により日本は敵国条項の対象となっているから、加盟国は国連の許可や事後の報告義務などの制約も受けずに自由に日本を攻撃できることになっている。加盟国は、旧敵国との紛争については平和的に解決する義務すら負わされていない。つまり日本は国連から保護してもらえないのだ。

敵国条項は一九七〇年の国連総会において廃止することが決議されているが、批准が全くといって良いほど進んでいないから敵国条項は生きたままで有効である。外務省は「死文化しているはず」と無責任なことをいって何の有効な外交工作も行っていない。しかし、中国は機会ある毎に「日本は敵国条項の該当国であることを再認識すべきである」と、恫喝[121]している。日本が護ってもらいたい事態が具体的に生じた時でも国連安全保障理事会において中国やロシアがＰＫＯの対象外であることを主張したら、日本は国際社会において孤立無援となる。

日本は国連の維持経費については世界で第二位という高額な分担金を支払い続けているが安全保障理事会の常任理事国にもしてもらえないままだ。日本はさっさと脱退して、米国と共同して太平洋諸国を糾合してＮＡＴＯの太平洋版を構築することに出来るだけ早く動き始めるべきである。繰り返し述べたように歴史認識は必然的に多様で相対的なのだから、百の国があれば百通りの正義がある。繰り返すが、日本は独自の歴史認識を堂々と主張すれば良いのだ。

●自虐史観の弊害の猛威

日本人の心の奥深い所に巣くった自虐史観は、最近は歴史認識論の域を脱してあらゆる面で猛威を振るいつつある。その一つの例は憲法改正論議に現れている。日本の憲法学者はほんの数名を除いて全員が憲法九条を支持して、集団的自衛権を違憲と決めつけて、如何なる改憲にも反対している。学問の世界において、こうした『金太郎あめ現象』は異常というしかない。

彼らの主張を分析してみると、先の大戦における日本の侵略行為を反省するあまりに、日本の平和憲法を護り抜くことが最優先の問題意識となっていることがわかる。自然法的な法律論の部分を無視しているのだ。従って、彼らの護憲論は法律論ではなく、誤った自虐的な歴史認識論に過ぎない。

121）中国の恫喝：二〇一二年の国連総会における中国の楊外相の発言等。

彼らは世界の情勢や日本の役割が激変していても頑なに無視する。たとえ、今後もし日本国民の生命と財産の安全を脅かすような事態が生じても変えようとしない自殺願望としかいえないものだ。これは彼らの自虐史観そのものを正すことによって対応するしかないだろう。

アカデミズムの非協力姿勢も問題だ。これまで日本の大学、シンクタンク、その他の研究機関は外交インテリジェンス、諜報活動、その他の軍事に関連する研究には極めて消極的であった。アカデミズムの動きを代表するのは日本学術会議[122]だ。同会議は昭和二五（一九五〇）年、昭和四二（一九六七）年に、戦争を目的とした研究は行わないとの声明を発表し、日本のほとんどの大学はこの方針に従ってきた。その背景には科学者コミュニティの戦争協力への反省と、再び同様の事態が生じることへの懸念があった。つまり自虐史観からの発想に過ぎないのだ。

こうした自虐史観的姿勢は、防衛省の基礎研究公募[123]へのアカデミズムの非協力的な動きにも表れている。安倍政権は「積極的平和主義」を掲げて防衛力強化を進めており、民生技術を積極活用する方針を打ち出しているので、防衛省もこれに呼応して公募を開始した。

日本の終戦に至る経緯の研究こそは、大東亜戦争の失敗という、ある意味

122）日本学術会議：昭和 24（1949）年に内閣府の特別の機関の一つとして創設された日本の科学者の代表的機関。科学の向上発達を図り、行政、産業及び国民生活に科学を反映浸透させることを目的とする（日本学術会議法第二条）。その経費は国の予算で負担されるが、活動は政府から独立して行われる。優れた研究・業績がある科学者のうちから内閣総理大臣から任命される二百十人の会員と、日本学術会議会長から任命される約二千人の連携会員により構成される。第一部（人文科学系）、第二部（生命科学系）、及び第三部（理学・工学系）に分かれているが、第一～二部が中心である。

123）防衛省の基礎研究公募：防衛省が応募の内容を審査・評価して、委託研究費を配分する。研究成果は、国の防衛や災害派遣、国際平和協力活動などで用いる装備品の開発につなげるほか、民生分野でも活用される。平成 29（2017）年 7～8 月を目途として、小型無人機やサイバー攻撃対策など軍事技術への応用が可能な基礎研究を公募して、研究を委託することにした。予算総額は約三億円。

では大きな遺産を最大に活用する方策である。何故日本は、敗戦という逆境に陥ってしまったのか、それを避ける方策はなかったのか、それを将来の日本の行く末のために役立てるためにはどうすれば良いのかを、社会と科学の倫理、国際政治学的、文明論、安全保障額的な見地から徹底的に研究する必要があった。

それにもかかわらず文科省は社会科学を軽視する政策（文科省は懸命に否定しているが詭弁に過ぎない）を打ち出す始末だ。ノーベル賞を受賞した著名な科学者までもが、誤った歴史認識に基づく自虐史観に取りつかれて、専門外の社会科学分野において見当はずれの政策提言まで行っている。平成二七年七月には安全保障関連法案の廃案を求めて、「安全保障関連法案に反対する学者の会」が記者会見を開催した。ノーベル物理学賞を受賞した益川敏英京大名誉教授は「安倍総理が『有事』だと思ったら戦争できる、これはとんでもない話だ」と呼びかける始末だ。同氏は、防衛省の公募に対しても協力しないことを各大学に呼び掛けている。

ノーベル文学賞の有力候補の村上春樹氏も既出のように妄言を吐いている。筆者の知る限りでは、歴史認識論においても正しい知見を持っておられるノーベル賞受賞者は、山中伸弥京都大学iPS細胞研究所所長くらいのものだろう。

こういう、世の中に尊敬されている方々が間違ったことを言われると、多くの人が無条件に信じ込んでしまうから悪影響が大きい。よくわからなければ黙っていて欲しいものだ。彼らは、不勉強のそしりは免れないにしても、疑いもなく左傾化教育による自虐史観の被害者だ。

『文明の衝突』で有名な国際政治学者サミュエル・ハンチントンの『軍人と国家』によると、米国の占領政策は「変形の政策」と「根絶の政策」とに大別されるという。ドイツは牧畜中心の農業国家という自由主義的な方向に変形させることとし、日本は戦力や軍事力を根絶させて二度と立ち上ることができないようにすることとしたのだ。そのために、「陸海空軍の保有を禁じ、国策の手段として戦争に訴えることを放棄」させた憲法九条二項を憲法に加えたものであると、ハンチントンは喝破している。

その「根絶の政策」を目くらましのために包んだ包装紙が〝米国による〟民主主義だったわけだ。それを日本人がありがたがって、日本は世界の平和に貢献するのだ、などという空想的平和主義に取りつかれてしまっているのが実情だ。そんな状況を打破して、日本が根絶されないために本書が少しでも役立ってくれれば筆者の望外の幸せである。

最後になってしまったが、株式会社ハート出版の日高裕明・代表取締役、及び編集部にあって本書を担当してくださった西山世司彦氏には大変感謝をしている。同社の大東亜戦争に関連する啓蒙活動を重視しておられる姿勢は、筆者の気持とまさに一致するものがあった。またに西山氏の極めてきめ細かいかつ親切な編集の仕事ぶりは、老骨に鞭打って執筆をつづける筆者を鼓舞させてくれるものであり、楽しく仕事をさせて頂いた。厚く御礼を申し上げる。

◆著者◆
青柳 武彦（あおやぎ たけひこ）
（元）国際大学教授、学術博士。
昭和9年　群馬県桐生市生まれ。県立桐生高等学校卒。1958年東京大学経済学部卒業、伊藤忠商事（株）に入社。同社シドニー店食品部長、本社農産食品部長、伊藤忠システム開発（株）取締役等を歴任。1985—1997年、伊藤忠とＮＴＴの折半出資合弁会社の日本テレマティーク（株）社長、会長。1995—2006年、国際大学グローコム副所長・教授、2006—2016同客員教授。研究領域は、経済学、経営学、財政学、情報社会学、法律学、国際政治学、安全保障論と多岐にわたっており、社会科学のジェネラリストを自任している。
著書：『ビデテックス戦略』（インフォメーションサイエンス）、『サイバー監視社会』（電気通信振興会）、『個人情報“過”保護が日本を破壊する』（ソフトバンク新書）、『情報化時代のプライバシー研究』（ＮＴＴ出版）、『ルーズベルトは米国民を裏切り日本を戦争に引きずり込んだ』（弊社刊）その他多数。

カバー写真（表１）：Hulton Archive / ゲッティ イメージズ

日本人を精神的武装解除するためにアメリカがねじ曲げた日本の歴史
歪められた言論空間を打ち砕く国際派学者による歴史認識の神髄

平成 29 年 7 月 18 日　第 1 刷発行
平成 29 年 8 月 26 日　第 2 刷発行

著　者　青柳 武彦
発行者　日高 裕明
発　行　株式会社ハート出版

〒 171-0014 東京都豊島区池袋 3-9-23
TEL.03（3590）6077　FAX.03（3590）6078
ハート出版ホームページ　http://www.810.co.jp

定価はカバーに表示してあります。

ISBN978-4-8024-0038-1　C0021

印刷・中央精版印刷株式会社